CB127145

COMO SER APROVADO

abdr
ASSOCIAÇÃO BRASILEIRA DE DIREITOS REPROGRÁFICOS
Respeite o direito autoral

COLEÇÃO
CARREIRAS POLICIAIS

COORDENADORES
EDUARDO FONTES
HENRIQUE HOFFMANN

Eduardo Fontes | Henrique Hoffmann | Daniel Buchmüller

COMO SER APROVADO

2020

EDITORA JusPODIVM
www.editorajuspodivm.com.br

EDITORA *Jus*PODIVM
www.editorajuspodivm.com.br

Rua Território Rio Branco, 87 – Pituba – CEP: 41830-530 – Salvador – Bahia
Tel: (71) 3045.9051
• Contato: https://www.editorajuspodivm.com.br/sac

Copyright: Edições *Jus*PODIVM

Conselho Editorial: Eduardo Viana Portela Neves, Dirley da Cunha Jr., Leonardo de Medeiros Garcia, Fredie Didier Jr., José Henrique Mouta, José Marcelo Vigliar, Marcos Ehrhardt Júnior, Nestor Távora, Robério Nunes Filho, Roberval Rocha Ferreira Filho, Rodolfo Pamplona Filho, Rodrigo Reis Mazzei e Rogério Sanches Cunha.

Capa e Diagramação: Marcelo S. Brandão *(santibrando@gmail.com)*

Imagem de Capa: fotolia.com.br | #85319691 | conejota e #94777006 | Jiri Hera

C968 Como ser aprovado / Eduardo Fontes, Henrique Hoffmann, Daniel Buchmüller – Salvador: Editora JusPodivm, 2020.
144 p. (Carreiras Policiais / coordenadores Eduardo Fontes e Henrique Hoffmann)

ISBN 978-85-442-3168-5.

1. Concursos. 2. Provas de seleção. 3. Carreiras Policiais. I. Fontes, Eduardo. II. Hoffmann, Henrique. III. Buchmüller, Daniel. IV. Título.

CDD 341.33312

Todos os direitos desta edição reservados à Edições *Jus*PODIVM.

É terminantemente proibida a reprodução total ou parcial desta obra, por qualquer meio ou processo, sem a expressa autorização do autor e da Edições *Jus*PODIVM. A violação dos direitos autorais caracteriza crime descrito na legislação em vigor, sem prejuízo das sanções civis cabíveis.

Sobre os autores

Eduardo Fontes

- Professor e coordenador de pós-graduação do CERS.
- Coordenador dos Cursos para as Carreiras Policiais do CERS e da Adverum.
- Coach da Ad Verum.
- Especialista em Segurança Pública e Direitos Humanos pelo Ministério da Justiça.
- Coordenador do IBEROJUR no Brasil.
- Aprovado nos concursos de Procurador do Estado de São Paulo e Delegado de Polícia Civil no Paraná.
- Delegado de Polícia Federal.
- Premiado como melhor Delegado de Polícia do Brasil na categoria jurídica.

Henrique Hoffmann

- Professor e coordenador de pós-graduação do CERS.
- Colunista do Conjur e da Rádio Justiça do STF.
- Professor da Escola da Magistratura do Paraná, Escola da Magistratura do Mato Grosso, Escola Superior de Polícia Civil do Paraná e SENASP.
- Coordenador do IBEROJUR no Brasil.
- Mestre em Direito pela UENP.
- Especialista em Direito Penal e Processual Penal pela UGF.
- Bacharel em Direito pela UFMG.
- Delegado de Polícia Civil do Paraná.
- Premiado como melhor Delegado de Polícia do Brasil na categoria jurídica.
- www.henriquehoffmann.com

Daniel Buchmüller

- Professor dos cursos SupremoTV, Portal Carreira Militar e Ad Verum.
- Professor da pós-graduação em Segurança Pública e Atividade Policial do SupremoTV.
- Professor da Academia da Polícia Civil de Minas Gerais.
- Especialista em Direito Penal e Processual Penal.
- Membro da Sociedade Brasileira de Coaching.
- Coach para concursos públicos.
- Delegado de Polícia Civil de Minas Gerais.
- www.danielbuchmuller.com

Apresentação da Coleção Carreiras Policiais

A Coleção Carreiras Policiais tem a missão de preparar o concurseiro para provas de concursos públicos para delegado de polícia e demais carreiras policiais.

Os conteúdos são apresentados com clareza e aprofundamento necessários por autores experientes, delegados de polícia que tiveram êxito no certame policial e aprimoraram ainda mais seu conhecimento como professores. A metodologia e a didática empregadas facilitam a tarefa de adquirir conhecimento e revisar a matéria.

Este Projeto Editorial preenche lacuna com o desiderato de se tornar referência segura para os postulantes a carreiras policiais e também para aqueles que já integram as fileiras policiais.

Eduardo Fontes e **Henrique Hoffmann**

Coordenadores da Coleção Carreiras Policiais

Ricardo Didier

Editora JusPODIVM

Prefácio

Escolher a carreira policial vai além da busca por estabilidade profissional e realização financeira, que são aspectos muito almejados pelos concurseiros. Esta é uma decisão guiada pela vocação. Sendo assim, não se trata de uma simples preparação para uma prova, estamos falando da realização de sonhos.

Sonho este compartilhado pelos autores desta obra, que um dia também estiveram ansiosos e inseguros esperando a aprovação neste desafio. Hoje, eles são profissionais atuantes na carreira policial, reconhecidos por desempenharem suas funções com excelência, além de serem docentes de referência no mercado e acadêmicos em constante atualização.

Apresentar os coordenadores deste livro é gratificante. Como presidente do CERS Cursos Online, acompanho há mais de 10 anos a preparação para concursos públicos, incluindo diferentes certames para as carreiras policiais. Logo, posso afirmar com toda segurança que os leitores estão em boas mãos.

O conhecimento acadêmico dos autores aliado à didática incomparável como professores, a experiência de quem já passou pela trajetória do concurseiro e conhece na prática o dia a dia da carreira, se completam e destacam esta obra dos demais livros do mercado.

Dessa forma, esta obra é um compilado de todos os ensinamentos e orientações apresentados nas palestras, aulas e mentorias. Especificamente quanto a Hoffmann e Fontes, com quem trabalho no CERS, já são milhares de alunos formados por eles, que também receberam várias mensagens de gratidão por toda a dedicação empregada.

Com linguagem simples e direta, reflexo da personalidade dos autores, a obra torna-se uma leitura prazerosa e essencial para tornar possível a aprovação em cada etapa. Vamos juntos!

Renato Saraiva

Presidente do CERS Cursos Online

Apresentação da obra

Esse livro consiste em um manual sobre preparação (e consequentemente aprovação) em concursos públicos, escrito por professores aprovados em difíceis certames. O objetivo da obra é fornecer ao candidato que almeja ocupar um cargo público de relevo, especialmente das carreiras policiais, uma bússola para se orientar nesse tortuoso caminho. A necessidade da obra surgiu da constatação de que os alunos priorizam o resultado e se esquecem de cuidar do método para chegar até ele.

Registre-se desde logo que não existem fórmulas mágicas nem atalhos milagrosos. Não se atinge o nível necessário para a aprovação do dia para a noite. Mas há sim um conjunto de técnicas e métodos comprovadamente eficazes capazes de acelerar a caminhada rumo à aprovação, devendo o aluno escolher e executar aqueles aos quais melhor se adaptar.

Desde a decisão inicial de ser aprovado até o momento da nomeação, traçamos o passo a passo para que o aluno saiba exatamente o que fazer em cada uma das etapas.

Falamos sobre a escolha do cargo público, listamos os direitos do candidato, explicamos os elementos essenciais dos estudos (tais como rotina, disciplina e motivação), orientamos sobre como fazer um planejamento minucioso (abrangendo conteúdo, quantidade e revisão) e ensinamos os métodos de estudo.

Indicamos em minúcias o funcionamento do concurso público, desde o edital, passando pelas provas objetivas, subjetiva, oral e de títulos, chegando às fases derradeiras de exames físico, médico e psicológico, investigação social e academia de polícia. Em relação a cada fase, mostramos como deve ser a preparação, os critérios de avaliação e as estratégias para ser aprovado.

Portanto, cuida-se de um guia completo para quem quer lidar com o estudo de forma profissional, sem amadorismos. A enorme concorrência nessa disputa não tolera aventureiros.

Por fim, registre-se que as informações são transmitidas de forma didática e objetiva (característica dos livros desta Coleção), com quadros esquemáticos e destaque das palavras-chave.

Eduardo Fontes, Henrique Hoffmann
e Daniel Buchmüller

Sumário

Capítulo 1

Aspectos Iniciais

1.1. CONCLUSÃO DA FACULDADE E DESAFIO DO CONCURSO PÚBLICO

A transição para a vida adulta abrange nosso primeiro grande concurso público: o vestibular. Passar no vestibular e entrar na faculdade representa um momento de grande alegria para qualquer pessoa. Todavia, ao lado da satisfação pela aprovação no vestibular, surge a dúvida sobre o futuro.

Tanto aqueles que escolheram o curso superior sem uma reflexão mais profunda como os que tomaram sua decisão com convicção possuem, em maior ou menor grau, certo **receio** quanto ao futuro, seja sobre a satisfação que virá com o exercício profissional, seja com o retorno financeiro advindo dessa escolha.

Quando iniciamos a faculdade ingressamos em um mundo totalmente novo, cheio de incertezas, em que muitas vezes nem sabemos se realmente é isso que queremos para o resto de nossas vidas. A responsabilidade de decidir nosso futuro antes mesmo de atingir a maioridade é gigantesca.

A hesitação e o medo são reações naturais quando ainda se é muito jovem e não se conhece a fundo as profissões disponíveis, tampouco o respectivo mercado de trabalho.

No início do curso nos deparamos com diversas matérias nunca vistas antes. Especialmente no começo da faculdade, o estudo das disciplinas introdutórias é abstrato e repleto de conceitos, e não nos traz a realidade da profissão.

Com o tempo, o curso começa a ficar um pouco mais interessante e passamos a ter contato com os assuntos que serão utilizados diretamente no dia a dia profissional. Neste período, já é possível visualizar, ainda de forma superficial, o que nos revela a profissão, quando começamos a descobrir algumas áreas de atuação, bem como as diversas oportunidades do mercado de trabalho.

Esse momento do curso, para muitos alunos, acaba sendo um divisor de águas na sua trajetória, pois passam a conhecer mais a fundo como será o trabalho diário na profissão escolhida. Muitos insatisfeitos decidem abandonar a faculdade. A maioria segue em frente, passando a enxergar com cada vez mais clareza os desafios a serem enfrentados.

No último ano de faculdade de Direito começa a preocupação com a tão temida **prova da OAB**, sendo certo que a cada ano o exame da Ordem fica mais disputado. O índice de reprovação é enorme: por volta de 80% dos aproximadamente 150 mil candidatos não são aprovados para se unirem ao exército de 1 milhão de advogados do Brasil.

Aqueles que perderam durante a faculdade o espírito competitivo do vestibular, retomam a pressão pela aprovação. E assim segue a vida do aluno até a sua formatura, momento em que inicia o período mais difícil de sua trajetória, o 11º período, ou seja, o mercado de trabalho. Este período, na maioria das vezes, é marcado por insegurança, dúvidas e incertezas, surgindo a seguinte pergunta: **estou formado na faculdade, e agora**?

Primeiro conselho para essa etapa: **calma**, não é preciso desespero. Você, com toda certeza, não é o único a passar por isso. Se no início do curso universitário existe a dúvida sobre a escolha da profissão certa, o fim deste ciclo marca o momento em que esta escolha se torna concreta e começa a render seus frutos.

Após ter concluído o ensino superior, no caso da faculdade de Direito, o bacharel faz a sua **escolha entre a advocacia e o concurso público**.

Na maioria esmagadora dos casos, **o simples estudo para as provas da faculdade não é suficiente** para preparar o aluno visando uma aprovação em um concurso concorrido, sendo inequívoco que terá que buscar um **preparo mais específico** em cursos preparatórios onde lecionam professores com didática e conhecimento adequados. Não é impossível ser aprovado sendo autodidata, porém é importante receber orientações de **profissionais experientes** no mundo dos concursos, ainda que seja para acelerar o processo.

A aprovação em um concurso público representa um desafio enorme pela frente, pois a cada dia as provas são mais difíceis e as disputas mais concorridas. Porém, com disciplina, motivação e planejamento, a aprovação no concurso almejado é questão de tempo. A depender do caso poucos meses, em outros alguns anos. Mas o velho clichê é verdadeiro: **quem não desiste, passa**.

É errado estabelecer um prazo rígido para ser aprovado, pelo simples fato de ser absolutamente impossível prever esse momento. Mesmo aqueles que possuem recursos financeiros limitados para gastar com inscrições e viagens devem se planejar para o eventual esgotamento do dinheiro e a possibilidade de ter que trabalhar simultaneamente ao estudo. **Estude até passar, e não para passar**.

Se você é daqueles que acreditam que possui a obrigação de ser aprovado e definir sua vida aos 20 e poucos anos, livre-se dessa pressão o quanto antes. Claro que deve desejar ser aprovado o mais breve possível, pois o senso de urgência é fundamental. Mas não adianta ficar ansioso e sofrer por achar que a única opção é ser aprovado no próximo certame. Tenha a consciência de que aos 20 e poucos anos você está apenas no **primeiro capítulo** da sua caminhada profissional e pessoal. Depois de aprovado, vai notar que continua sendo jovem, que a vida persiste não totalmente resolvida e que outros problemas surgirão, iniciando novos ciclos. De tempos em tempos a vida vai te convidar a se reinventar, a começar de novo, e você vai notar que o importante mesmo é saber caminhar e **aproveitar a trajetória**, e não se iludir achando que existe um ponto final.

Muitos iniciam desanimados a árdua jornada pelo fato de não terem se dedicado plenamente aos estudos na faculdade, acreditando que com isso estão fora da disputa. Claro que uma graduação bem feita ajuda muito, porém mesmo com **formação deficiente na faculdade**, a sua aprovação em um concurso público é plenamente possível. Basta se dedicar intensamente, com os professores e livros certos, a partir do momento em que decida seguir por este caminho.

Lembre-se: sua preparação é um **investimento** em seu futuro, e não uma despesa qualquer. Na medida das suas possibilidades financeiras, não seja pão-duro com cursos e livros. Se tiver que economizar, faça isso com despesas que podem ser adiadas, como a troca de carro e uma viajem mais cara. Direcione seu dinheiro nos **professores certos**, sob pena de ter que gastar diversas vezes com os errados.

A aprovação em um concurso público requer muito estudo e dedicação, mas acima de tudo, muita **paciência**, pois a gama de matérias a ser estudada é enorme. Leva tempo para entender todo o conteúdo exigido nos editais. Só é possível obter essa base de conhecimento com persistência e regularidade.

O acaso realmente pode influenciar no resultado do concurso público, mas o fato é que, parafraseando Tiger Woods, **quanto mais treino, mais sorte.** O fator aleatório somente decide de verdade em favor ou contra aqueles que já se encontram minimamente preparados. Costumamos dizer que, dentre 10 mil candidatos, somente uns 500 estarão realmente em condições de ser aprovados. Para os componentes desse seleto grupo, que de fato disputarão as vagas do certame, realmente um ponto a mais ou a menos pode significar a aprovação ou reprovação. Contudo, para aqueles que ainda não atingiram uma bagagem teórica substancial, não há sorte que faça milagre.

Mesmo diante de todas essas adversidades e dificuldades, tenha certeza que após a aprovação você perceberá que **todo o esforço será recompensado** e a realização de um sonho em conquistar a carreira almejada não tem preço.

Os concurseiros costumam dar muita importância ao número de **candidatos por vaga**. O que realmente importa é a nota de corte, ou seja, a **pontuação mínima** que você deve atingir para ser aprovado. O foco do candidato não deve ser superar concorrentes, a meta é atingir um nível suficiente de conhecimento, que se traduz pela pontuação mínima. Logo, não se assuste se para cada vaga houver 400 concorrentes. Isso aconteceu, por exemplo, no concurso para delegado da Polícia Civil do Paraná de 2013, que teve 26 vagas disputadas por mais de 10 mil candidatos.

É verdadeira a máxima segundo a qual, na luta pelo cargo público, **a disputa é com você mesmo**. Deve-se vencer o cansaço, o desânimo, as tentações dos amigos, a vontade de desistir e todos os obstáculos que certamente irá encontrar pela frente.

Outro ponto interessante que vale a pena destacar é a escolha por concurso apenas no seu estado de origem, ou em todo o país. Ainda que tenha dedicação especial para o certame no local onde você vive, recomendamos que **tente também em outros estados**. O mundo dos concursos é imprevisível, e por mais que você atinja um alto nível de preparação, nunca terá a garantia de que vai passar exatamente no local em que deseja. Portanto, dada a competitividade atual e a incerteza inerente à disputa, o mais seguro é se abrir para novas possibilidades, e isso envolve mudar para outra localidade.

Se você nunca morou em outra cidade ou longe da família, podemos garantir que a relação familiar não vai ser prejudicada, especialmente pela facilidade de transporte e comunicação que existe nos dias de hoje. Não raras vezes, aliás, o concurseiro, agora aprovado e exercendo a função em outro estado, acaba se apaixonando e constituindo família na sua nova moradia.

1.2. ESCOLHA DO CARGO PÚBLICO

Quando escolhemos encarar o concurso público, a primeira dúvida que nos aparece é **para qual concurso estudar**. Não existe apenas um cargo público interessante. Existem várias carreiras atrativas, e os editais são publicados a todo momento, muitas vezes ao mesmo tempo.

Você pode estar buscando desempenhar a profissão com a qual sempre sonhou, e exercer sua verdadeira vocação. Ou sua preocupação atual pode ser exclusivamente ganhar um ótimo salário (subsídio). Independente do motivo que o move em busca da aprovação, o importante é estar verdadeiramente comprometido com seu objetivo. **A escolha tem que ser sua:** ninguém consegue enganar a si mesmo e se sentir verdadeiramente empenhado para atingir uma meta alheia.

Considerando que investimos a maior parte da nossa vida útil (descontado o sono) no trabalho, evidentemente é desejável que você persiga uma profissão que traga satisfação pessoal. Afinal, como disse o filósofo chinês Confúcio, **escolha um trabalho que você ame e não terás que trabalhar um único dia em sua vida**.

Tenha certeza de que o maior erro do candidato é querer estudar para todos os tipos de provas ao mesmo tempo. O concurso público exige **foco**, pois só é possível atingir a quantidade e profundidade de conhecimento para cada disputa dedicando-se especificamente para aquele certame. Muitas disputas possuem não apenas conteúdo diferente, mas também forma diferenciada de abordar o assunto, sendo necessário até mesmo conhecer as matérias preferidas do examinador para saber qual será cobrada e como isso será feito.

A falta de direcionamento do estudante decorre não apenas da falta de experiência no mundo dos concursos, mas também do desconhecimento dos detalhes sobre as diversas carreiras públicas. Para suprir essa deficiência, é interessante que o concurseiro **procure algum profissional** da área, converse com ele, faça uma visita ao seu local de trabalho, pergunte sobre os prós e contras da profissão, o que permitirá ter uma impressão bem melhor sobre a carreira.

Não raras vezes o candidato inicia seus estudos se matriculando em algum curso *genérico* que englobe diversas carreiras. Com o tempo, começa a se inclinar para uma determinara carreira que seja do seu perfil. Desta forma, **direciona a preparação** para o concurso almejado fazendo curso preparatório específico e realizando concursos ao redor do Brasil.

Outra situação muito comum é o candidato escolher ser aprovado em um concurso de nível médio ou superior para se estabilizar financeiramente, e depois poder estudar para o seu concurso meta com mais calma e tranquilidade, servindo a primeira aprovação como um *trampolim*. Nada de errado há com essa opção. Mas não se esqueça de que esses concursos também são extremamente concorridos, para que eventual reprovação no certame mais fácil não atrapalhe seu psicológico.

Vejamos o **panorama das carreiras policiais**.

Os concursos policiais no Brasil têm diversos aspectos em comum, mas divergem em alguns detalhes. No que tange às etapas do concurso, sempre haverá uma primeira fase de prova objetiva, e é muito comum serem pontuados os títulos (experiência acadêmica e profissional). Já as demais fases são exigidas ou não conforme o concurso.

No caso de delegado de polícia, existe a segunda fase subjetiva (com questões discursivas e/ou peça profissional) e eventualmente prova oral, bem como exames físico, médico, psicotécnico e de investigação social. O curso de formação na Academia de Polícia é obrigatório. Vale observar que em alguns Estados o curso na Academia de Polícia representa uma das etapas do concurso e apresenta caráter eliminatório, como todas as outras etapas, mas em outros Estados isso não acontece, pois no momento da realização da Acadepol o candidato já se encontra aprovado e empossado.

No concurso de delegado da Polícia Civil, a cobrança das disciplinas jurídicas varia conforme o Estado. Sempre cai Direito Penal, Direito Processual Penal, Legislação Penal Especial, Direito Constitucional e Direito Administrativo, e as demais matérias são ou não cobradas a depender do estado (Criminologia, Medicina Legal, Direitos Humanos, Direito Civil, Direito Processual Civil, Direito Tributário, Direito Empresarial).

No caso de delegado de Polícia Federal, além do núcleo principal composto de Direito Penal, Direito Processual Penal, Legislação Penal Especial, Direito Constitucional e Direito Administrativo, são exigidas as matérias Direito Civil, Direito Processual Civil, Direito Empresarial, Direito Internacional Público e Cooperação Internacional, Criminologia, Direito Previdenciário, e Direito Financeiro e Tributário.

Quanto às carreiras policiais em geral, são comuns as disciplinas de conhecimentos gerais (Língua Portuguesa, Informática, Raciocínio Lógico, Atualidades) e de conhecimentos específicos (Direito Penal, Direito Processual Penal, Criminologia, Direito Constitucional, Legislação Institucional).

Diante desta gama de tópicos a serem estudados, uma valiosa dica para manter o bom nível de conhecimento em todas as matérias é que o estudo dos grupos de conhecimento seja dividido de forma **proporcional**, evitando-se, assim, que o candidato dê atenção exagerada para as matérias de sua preferência ou que tenha facilidade.

Por exemplo, não é raro encontrar alunos que possuem uma grande identificação com Direito Penal e que, ao adquirirem uma obra desta matéria, ficam durante dias, ou até semanas, focados na leitura apenas desse livro, já que encontraram uma leitura prazerosa. Esse tipo de estratégia é um desastre para a organização dos estudos de quem pretende ingressar numa carreira pública, pois o tempo ficará mal dividido e as outras matérias relegadas a segundo plano.

O concurso para delegado de polícia pode exigir tempo de prática jurídica ou policial, a ser comprovada no momento da posse (e não da prova do concurso). Nessas situações, não basta ser bacharel em Direito, sendo necessário ter passado na OAB ou em concurso policial.

Contudo, muito importante observar que tal exigência não poderá constar exclusivamente do edital do certame, à medida que este tem por objetivo regulamentar o concurso, trazendo requisitos já constantes em lei para investidura no cargo público. Ou seja, não poderá o edital inovar em tais exigências, sem a devida previsão legal.

Veja alguns estados onde existe a exigência:

Cargo	Previsão Legal	Experiência Exigida (Atividade Jurídica ou Policial)
Delegado da PF	art. 2º-B da Lei 9.266/96	3 anos
Delegado da PCDF	art. 2º, §1º da Lei 9.264/96	3 anos
Delegado da PCSP	art. 4º, II da Lei Complementar Estadual 1.152/11	2 anos
Delegado da PCRS	art. 2º, II da Lei Estadual 12.350/05	3 anos
Delegado da PCES	art. 1º, III da Lei Complementar Estadual 844/16	3 anos
Delegado da PCAC	art. 72 da Lei Complementar Estadual 129/04	3 anos

Portanto, se você ainda não fez a prova da Ordem e não está com a carteirinha vermelha nas mãos, este deve ser o seu primeiro foco, caso seu objetivo seja tornar-se autoridade policial. Vale lembrar que os concursos públicos para ingresso na Magistratura, Ministério Público e Defensoria Pública também exigem prática jurídica.

1.3. DIREITOS DOS CONCURSEIROS

Infelizmente, alguns concursos públicos podem ser permeados de ilegalidades, razão pela qual o Poder Judiciário deve se manifestar para sanar as falhas e corrigir os erros. Daí a importância de o candidato conhecer seus principais **direitos**, o que se extrai do entendimento da jurisprudência sobre o tema.

Esse conhecimento, além de poder ser eventualmente exigido em questões de Direito Administrativo, pode ser útil caso seus direitos sejam, porventura, violados. Nesse caso, o candidato poderá manejar recurso para a banca examinadora ou ajuizar ação judicial, normalmente por meio de mandado de segurança. Vejamos como se posiciona a jurisprudência nesse tema.

O candidato aprovado dentro do número de vagas previsto no edital tem direito subjetivo a ser nomeado no prazo de validade do concurso (STJ, AgRg no REsp 1.384.295).

A desistência de candidatos convocados, dentro do prazo de validade do concurso, gera direito subjetivo à nomeação para os seguintes, observada a ordem de classificação e a quantidade de vagas disponibilizadas (STJ, EDcl no RMS 30.776).

A abertura de novo concurso, enquanto vigente a validade do certame anterior, confere direito líquido e certo a eventuais candidatos cuja classificação seja alcançada pela divulgação das novas vagas (STJ, AgRg no REsp 1.402.265).

O candidato aprovado fora do número de vagas previsto no edital possui mera expectativa de direito à nomeação, que se convola em direito subjetivo caso haja preterição na convocação, observada a ordem classificatória (STJ, AgRg nos EDcl no RMS 30.054).

O candidato aprovado dentro do número de vagas que requer transferência para o final da lista de classificados passa a ter mera expectativa de direito à nomeação (STJ, AgRg no Ag 1.402.700).

A simples requisição ou a cessão de servidores públicos não é suficiente para transformar a expectativa de direito do candidato aprovado fora do número de vagas em direito subjetivo à nomeação, porquanto imprescindível a comprovação da existência de cargos vagos (STJ, AgRg no RMS 40.676).

A contratação de servidores temporários ou o emprego de servidores comissionados, terceirizados ou estagiários, por si sós, não caracterizam preterição na convocação e na nomeação de candidatos advindos de concurso público, tampouco autorizam a conclusão de que tenham automaticamente surgido vagas correlatas no quadro efetivo, a ensejar o chamamento de candidatos aprovados em cadastro de reserva ou fora do número de vagas previstas no edital (STJ, AgInt no RMS 49.084).

O candidato sub judice não possui direito subjetivo à nomeação e à posse, mas à reserva da respectiva vaga até que ocorra o trânsito em julgado da decisão que o beneficiou (STJ, AgRg no REsp 1.137.920).

Não ocorre preterição na ordem classificatória quando a convocação para próxima fase ou a nomeação de candidatos com posição inferior se dá por força de cumprimento de ordem judicial (STJ, RMS 44.672).

A nomeação ou a convocação para determinada fase de concurso público após considerável lapso temporal entre uma fase e outra, sem a notificação pessoal do interessado, viola os princípios da publicidade e da razoabilidade, não sendo suficiente a publicação no Diário Oficial (STJ, AgRg no RMS 39.895).

É legítimo estabelecer no edital de concurso público limite de candidatos que serão convocados para as próximas etapas do certame (Cláusula de Barreira) (STJ, RMS 44.719).

A banca examinadora pode exigir conhecimento sobre legislação superveniente à publicação do edital, desde que vinculada às matérias nele previstas (STJ, AgRg no RMS 21.654).

É legítimo estabelecer no edital de concurso público critério de regionalização na distribuição das vagas (STJ, RMS 28.751).

A exigência de exame psicotécnico é legítima quando prevista em lei e no edital, a avaliação estiver pautada em critérios objetivos e o resultado for público e passível de recurso (súmula 686 do STF e STJ, AgRg no REsp 1.404.261).

A exigência de teste de aptidão física é legítima quando prevista em lei, guardar relação de pertinência com as atividades a serem desenvolvidas, estiver pautada em critérios objetivos e for passível de recurso (STJ, RMS 44.406).

A limitação de idade, sexo e altura para o ingresso na carreira militar é válida desde que haja previsão em lei específica e no edital do concurso público (STJ, RMS 44.597).

O diploma ou habilitação legal para o exercício do cargo deve ser exigido na posse e não na inscrição para o concurso público (Súmula 266 do STJ).

O candidato que possui qualificação superior à exigida no edital está habilitado a exercer o cargo a que prestou concurso público, nos casos em que a área de formação guardar identidade (STJ, AgRg no AREsp 475.550).

Deverão ser reservadas, no mínimo, 5% das vagas ofertadas em concurso público às pessoas com deficiência e, caso a aplicação do referido percentual resulte em número fracionado, este deverá ser elevado até o primeiro número inteiro subsequente, desde que respeitado o limite máximo de 20% das vagas ofertadas, conforme art. 37, §§ 1º e 2º, do Decreto n. 3.298/99, e art. 5º, §2º, da Lei n. 8.112/90 (STJ, AgRg no REsp 1.137.619).

O portador de visão monocular tem direito de concorrer, em concurso público, às vagas reservadas aos deficientes. (Súmula n. 377 do STJ)

A prorrogação do prazo de validade de concurso público é ato discricionário da Administração, sendo vedado ao Poder Judiciário o reexame dos critérios de conveniência e oportunidade adotados (STJ, AgRg no RMS 39.748).

O Poder Judiciário não analisa critérios de formulação e correção de provas em concursos públicos, salvo nos casos de ilegalidade ou inobservância das regras do edital (STJ, RMS 41.785).

O Poder Judiciário não pode substituir a banca examinadora do certame e tampouco se imiscuir nos critérios de atribuição de notas e de correção de provas, visto que sua atuação se restringe ao controle jurisdicional da legalidade do concurso público e da observância do princípio da vinculação ao edital (STJ, AgInt no RMS 50.769).

A divulgação, ainda que a posteriori, dos critérios de correção das provas dissertativas ou orais não viola, por si só, o princípio da igualdade, desde que os mesmos parâmetros sejam aplicados uniforme e indistintamente a todos os candidatos (STJ, AgInt no RMS 51.969).

A investigação social em concursos públicos, além de servir à apuração de infrações criminais, presta-se a avaliar idoneidade moral e lisura daqueles que desejam ingressar nos quadros da administração pública. Assim, é possível a exclusão de concurso policial daquele que, embora sem condenação definitiva, tenha respondido a diversas investigações e até a processo penal (STJ, RMS 57.329).

O candidato pode ser eliminado de concurso público quando omitir informações relevantes na fase de investigação social (STJ, AgRg no RMS 39.108).

A inaptidão na avaliação psicológica ou no exame médico exige a devida fundamentação (RMS 53.857).

O provimento originário em concurso público não permite a invocação do instituto da remoção para acompanhamento de cônjuge ou companheiro, em razão do prévio conhecimento das normas expressas no edital do certame (STJ, AgRg no RMS 33.369).

A investidura em cargo público efetivo submete-se a exigência de prévio concurso público, sendo vedado o provimento mediante transposição, ascensão funcional, acesso ou progressão (Súmula Vinculante 43 do STF).

Na hipótese de abertura de novo concurso público dentro do prazo de validade do certame anterior, o termo inicial do prazo decadencial para a impetração do mandado de segurança por candidatos remanescentes é a data da publicação do novo edital (STJ, AgInt no RMS 49.231).

O termo inicial do prazo decadencial para a impetração de mandado de segurança, na hipótese de exclusão do candidato do concurso público, é o ato administrativo de efeitos concretos e não a publicação do edital, ainda que a causa de pedir envolva questionamento de critério do edital (STJ, AgRg no AREsp 213.264).

O termo inicial do prazo decadencial para a impetração de mandado segurança, na hipótese em que o candidato aprovado em concurso público não é nomeado, é o término do prazo de validade do concurso (STJ, RMS 34.329).

O encerramento do concurso público não conduz à perda do objeto do mandado de segurança que busca aferir suposta ilegalidade praticada em alguma das etapas do processo seletivo (STJ, AgRg no AREsp 261.391).

A nomeação ou a posse tardia de candidato aprovado em concurso público, por força de decisão judicial, não configura preterição ou ato ilegítimo da Administração Pública a justificar uma contrapartida indenizatória, salvo situação de arbitrariedade flagrante (STJ, AgRg nos EAREsp 276.077). Tampouco gera direito às promoções e às progressões funcionais que alcançariam caso a nomeação houvesse ocorrido a tempo e a modo (STJ, AgInt no REsp 1.501.335).

O servidor não tem direito à indenização por danos morais em face da anulação de concurso público eivado de vícios (STJ, AgRg no AREsp 442.443).

A exoneração de servidor público em razão da anulação do concurso pressupõe a observância do devido processo legal, do contraditório e da ampla defesa (STJ, AgRg no AREsp 245.888).

O Ministério Público possui legitimidade para propor ação civil pública com o objetivo de anular concurso realizado sem a observância dos princípios estabelecidos na Constituição Federal (STJ, REsp 1.362.269).

Capítulo 2

Elementos essenciais dos estudos

2.1. INTRODUÇÃO

O estudo para concursos públicos possui alguns **pilares**:

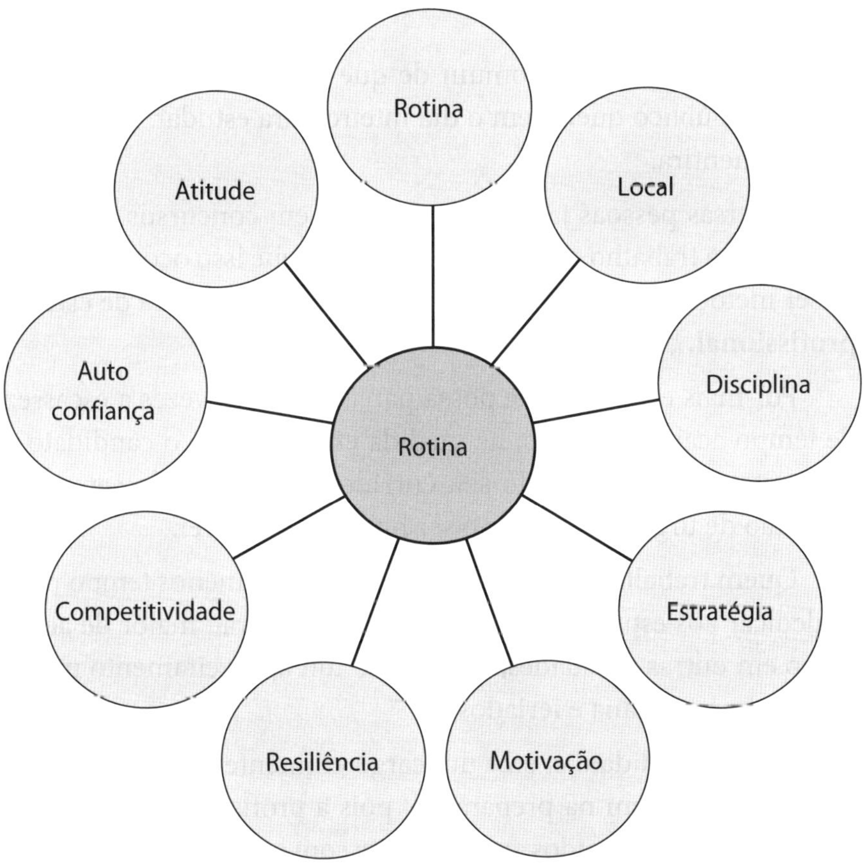

O estudo deve ser encarado de forma profissional. Isso significa que exige planejamento minucioso e muito comprometimento. É preciso encarar a rotina de estudos com responsabilidade, sabendo que não se trata de atividade de menor importância; pelo contrário, trata-se do relevante e indispensável caminho a ser percorrido até o sucesso.

Se por enquanto as coisas não estão funcionando para você, tenha em mente que não dá pra esperar resultados diferentes fazendo as mesmas coisas. Como já dizia Albert Einstein, **insanidade é continuar fazendo sempre a mesma coisa e esperar resultados diferentes.**

Vejamos os elementos essenciais dos estudos.

2.2. ROTINA

Existe uma crença comum de que só é capaz de passar em concurso público quem tem o dia inteiro para estudar. Isso é uma grande mentira.

Diversas pessoas já foram aprovadas em concursos de ponta conciliando trabalho com estudo. Mas para que isso ocorra é preciso ser metódico com o dia a dia, adotando uma postura de **estudo profissional.**

Por mais estranho que possa parecer, muitas vezes a escassez de tempo acaba ajudando, na medida em que força o candidato a aproveitar cada minuto do seu corrido dia, mantendo sempre a sensação de urgência que faz o ser humano se mover.

Quem trabalha e estuda naturalmente terá menos tempo para se dedicar aos estudos, o que demandará um grau maior de abdicação em outras atividades, bem como um aproveitamento maior dos finais de semana e feriados.

Caso o candidato exerça um cargo eminentemente jurídico já terá uma vantagem na preparação, pois a profissão se torna uma grande aliada dos estudos, como ocorre com os assessores jurídicos ou com advogados que trabalham e estudam para algum concurso público.

Porém, o candidato que se dedica com exclusividade aos estudos, embora tenha o dia inteiro para estudar, carrega consigo o fardo do desemprego e da insegurança financeira, o que pode influenciar na sua motivação e rendimento.

Em ambos os casos temos vantagens e desvantagens, mas certamente todos têm plenas condições de serem aprovados no concurso público. Em vez de se preocupar exclusivamente com o número de horas diárias disponíveis para o estudo, preocupe-se mais com o **efetivo aproveitamento do seu tempo**.

Conciliar trabalho e o estudo para concurso requer um nível muito grande de disciplina e força de vontade. O aluno deve elencar o estudo como uma prioridade, devendo encarar a aprovação como sua missão de vida.

É importante que consiga aproveitar cada minuto de seu dia para ter mais tempo dedicado aos estudos. O conselho que sempre damos é que acorde mais cedo, pois uma hora a mais de estudo todos os dias faz uma enorme diferença ao final.

É fundamental que o candidato **aproveite os momentos ociosos**, por exemplo, ida e volta do trabalho no carro ou ônibus, em uma fila ou sala de espera, entre outros, onde poderá ouvir alguma aula ou ler algum conteúdo que esteja no aparelho celular, tablet ou livros.

O **exercício físico** deve fazer parte da rotina do aluno, ainda mais quando se prepara para concursos policiais. Acreditamos que manter a atividade física de três a quatro vezes na semana com uma carga horária mais reduzida seja suficiente, sempre aliado a uma alimentação saudável e balanceada.

Tempo de **sono** também é um fator a ser considerado. Para ter disposição diária e memorizar o que estudou é preciso dormir um mínimo de horas, que varia de pessoa para pessoa, geralmente de 6 a 8 horas.

O ideal é que você tenha planejado não só seu horário de estudos, mas **toda a rotina do dia**, que abrange as demais tarefas como alimentação, higiene, deslocamento, descanso, dentre outras. Assim você perceberá quando está perdendo tempo. Mesmo pequenos intervalos podem ser utilizados produtivamente.

Confira um modelo de **quadro de horários**:

Segunda a Sexta		
Manhã	06:00 – 06:30	esporte
	06:30 – 07:00	alimentação
	07:00– 07:30	estudo
	07:30 – 08:00	deslocamento
	08:00 – 12:00	trabalho
	12:00 – 12:30	alimentação
Tarde	12:30 – 14:00	estudo
	14:00 – 18:00	trabalho
	18:00 – 18:30	deslocamento
	18:30 – 19:00	alimentação
	19:00 – 22:00	estudo
Noite	22:00 – 22:30	alimentação
	22:30 – 23:00	descanso

Sábado		
Manhã	06:00 – 06:30	
	06:30 – 07:00	
	07:00– 07:30	esporte
	07:30 – 08:00	alimentação
	08:00 – 12:00	estudo
	12:00 – 12:30	alimentação
Tarde	12:30 – 14:00	descanso
	14:00 – 18:00	estudo
	18:00 – 18:30	lazer
	18:30 – 19:00	
	19:00 – 22:00	
Noite	22:00 – 22:30	lazer
	22:30 – 23:00	

Tenha um mínimo de **flexibilidade**, pois ninguém está imune ao acaso. É preciso saber compensar as horas perdidas com imprevistos, sem que isso desestabilize sua rotina.

Não se iluda com as horas abstratamente planejadas para o estudo. O que interessa no fim das contas são as horas efetivamente estudadas (**horas *líquidas***).

Seja intransigente com uso de redes sociais e sites de entretenimento, grandes ladrões de tempo da vida moderna. Se preciso, anote em um papel ou em aplicativo de celular o início e término de cada sessão de estudo para não se deixar enganar.

É muito comum alguns pensarem que estudar para concurso público é sinônimo de total abdicação da vida em sociedade, mas isso não é verdade. Viver como um ermitão não trará uma rápida aprovação, pelo contrário, poderá inclusive gerar problemas psicológicos.

Certamente algumas pessoas estudam mais do que outras. Isso varia de acordo com a disponibilidade e disciplina de cada um. Mas ninguém precisa abdicar totalmente da sua vida pessoal e social para se dedicar aos seus estudos. Não se pode chegar ao extremo de acreditar que se ocupar com outras atividades, como sair de casa, ir à academia, encontrar amigos, significa perder tempo.

Obviamente que o estudo para concurso exige muita disciplina e um equilíbrio maior nas atividades, principalmente quando o edital já foi publicado e a data da prova já está marcada. Não seria possível um aluno querer sair todas as noites, embebedar-se e achar que estará apto a ser aprovado em um concurso.

Quando falamos que o candidato pode e deve ter uma vida social, esta deve ser restrita preferencialmente ao final de semana, com raras exceções, pois durante a semana a sua dedicação deve sim ser intensa, devendo abrir espaço para o exercício físico.

Enquanto nos preparamos para o cargo almejado, temos a falsa sensação de que a vida está passando e estamos parados no tempo.

Nossos amigos se casam, têm filhos, arrumam empregos e a nossa vida aparentemente continua na mesma. Mas essa é uma grande ilusão que precisa ser desmistificada, pois o candidato está focando no seu projeto de vida, na realização de um sonho e nos frutos que colherá com sua aprovação. Portanto, não pense que sua vida está parada. Pelo contrário. Cada dia finalizado de estudo deixará você mais próximo do seu objetivo.

É importante que haja um diálogo maduro e sincero entre amigos e familiares para que todos possam compreender que esta caminhada deve ser respeitada, permitindo que o candidato tenha qualidade no seu estudo e não se sinta culpado por não estar presente em alguns momentos de lazer.

Quem te ama de verdade saberá respeitar suas necessidades. A dedicação a concursos públicos afasta naturalmente as pessoas que não são positivas para você. Mantenha-se perto dos familiares e amigos que incentivam seu projeto de vida. Afaste-se daqueles que não acreditam no seu potencial e tentam menosprezar seu objetivo.

2.3. LOCAL

Uma das questões mais importantes é a escolha do local para estudar, e a pergunta mais frequente que recebemos sobre esse tema é se o aluno deve estudar em casa, em alguma biblioteca, ou alugar uma cabine de estudo.

Essa questão é muito pessoal, pois há alunos que conseguem perfeitamente estudar com muita qualidade em casa, mas há outros que simplesmente não rendem nada estando no conforto de sua residência. O importante é ter um local **silencioso, sem distrações e com luminosidade**. Além de **temperatura e móveis** (cadeira e mesa) **adequados.**

O **silêncio** é importante, pois o barulho excessivo atrapalha a concentração. O que não impede que o estudo seja feito com alguma música, caso você não tenha a produtividade prejudicada por isso. Se preciso, utilize abafador de ruídos.

É indispensável boa **luminosidade**, para facilitar a leitura (e não forçar a visão) e inibir o sono.

Se a **temperatura** estiver muito alta ou muito baixa, além de você usar a roupa adequada, é interessante que o local tenha ar condicionado ou ventilador, evitando que o suor ou o frio atrapalhem o seu rendimento.

A **cadeira** deve ter suporte para a região lombar e ter um mínimo de conforto, para que você suporte permanecer por horas sem sentir dor. O ideal é que a altura permita que seu joelho fique flexionado em aproximadamente 90º. A **mesa** deve estar na altura do seu cotovelo, nem muito alta nem muito baixa. Se quiser, pode usar **suporte** para colocar o livro e os materiais, evitando dor no pescoço ou nas costas. Não recomendamos o estudo deitado, ainda que você consiga manter a concentração e não dormir, pois a postura errada acabará trazendo problemas no futuro.

O silêncio e a concentração são fundamentais para um bom rendimento. Nada impede estudar no próprio quarto, caso você tenha a disciplina necessária para não deitar na cama a cada sinal de cansaço.

Por outro lado, há alunos que não conseguem ter um bom rendimento estudando em casa, pois existem diversos fatores que atrapalham a sua concentração, como a televisão, o telefone que sempre toca, a mãe que chama para ajudar em alguma tarefa, o porteiro que interfona nos piores momentos, e os animais de estimação que pedem carinho e pulam em cima dos livros. Sem contar que aquele que estuda em casa muitas vezes é erroneamente visto pela família como se estivesse sempre disponível, mas poucos conhecem a real dificuldade e o trabalho que é para se concentrar e ter um estudo de qualidade.

Por isso, quando o aluno opta por estudar na sua casa, sugerimos que converse muito bem com seus familiares para que não seja incomodado, pois será preciso uma boa tranquilidade e regularidade nos estudos para superar os principais pontos do edital. São frequentes os relatos daqueles que optam por estudar em casa de se tornarem o famoso *já que* da família. Quando alguma tarefa precisa ser executada, os familiares logo se lembram do concurseiro e as seguintes frases, ou pérolas, costumam ser pronunciadas: *já* que você só estuda, vá ao supermercado e compre tal coisa, *já* que você só estuda, leve seu irmão na escola. Portanto, a conversa familiar é de suma importância, a fim de demonstrar que as horas dedicadas ao estudo não devem ser desprezadas e confundidas com ociosidade.

Se a dificuldade persistir, sugerimos que o aluno escolha uma boa biblioteca para estudar, podendo optar pela biblioteca da faculdade que frequenta ou frequentou, ou mesmo uma sala de estudos. Não aconselhamos que os estudantes frequentem bibliotecas com grande rotatividade de pessoas, pois nesses casos há muita conversa entre os alunos, o que certamente atrapalhará o seu rendimento. As cabines de estudos, como dito, são igualmente uma boa opção.

Os bons locais geralmente são aqueles frequentados por estudantes que se preparam exclusivamente para concurso público. Ter ao seu lado pessoas que estão na mesma trajetória, passando pelas mesmas dificuldades e buscando a melhor eficácia de estudo certamente ajuda na busca da alta performance nos estudos.

Ainda, há aqueles alunos que preferem intercalar os diversos ambientes de estudos para mudarem os ares, por não gostar de uma rotina totalmente estável. Assim, estudam alguns dias em casa, outros em uma biblioteca, outros em cabines alugadas etc.

2.4. DISCIPLINA

O empreendedor Jim Rohn já afirmou que **disciplina é a ponte entre metas e realizações**. Ser disciplinado é fazer o que tem que ser feito, esteja ou não com vontade inicial. Até porque o prazer com a atividade muitas vezes surge somente após o seu início.

Construir um comportamento disciplinado requer muito esforço e gera um certo grau de desconforto, mas certamente irá gerar resultados positivos e compensadores, o que levará o aluno ao sucesso mais rapidamente.

A disciplina não é algo que nasce inteiramente pronto na pessoa. Ela é um **hábito** que, com a sua prática reiterada, cria-se um condicionamento que terá que ser desenvolvido ao longo do tempo, sendo ela um percurso diário a ser construído.

O sucesso é a soma de pequenos esforços repetidos dia após dia, na lição do autor Robert Collier. Ninguém atinge algo de relevante se não sair da zona de conforto. Estar apenas envolvido é muito diferente de estar efetivamente comprometido.

O vencedor não pode se tornar um procrastinador. Aprenda a separar o trabalho árduo para agora e não confiar no momento futuro. **A vida não dá nada de graça, você precisa pagar o preço**.

A preparação de um candidato para o concurso público não exige um esforço sobre-humano para aprovação. Estudar em níveis acima do limite não é saudável e só contribui para uma estafa mental, inviabilizando o aprendizado e a memorização. Obviamente que na véspera de um concurso público o candidato deve se esforçar um pouco mais, mas é muito importante que o aluno não pense que para ser aprovado deve estudar 24 horas por dia e 7 dias na semana.

Ao contrário, este tipo de pensamento é capaz de prejudicar muito aquele que pretende se dedicar aos estudos para concurso público. Traçar metas irreais de serem alcançadas só serve para levar à frustração e talvez até à desistência dos planos. Nesse sentido é que o atleta Michael Jordan afirmou: **um passo de cada vez; não consigo imaginar nenhuma outra maneira de realizar algo.**

Fixar **metas possíveis**, que se iniciam suaves e vão aumentando ao longo da caminhada é essencial para não desanimar e seguir sempre firme nos estudos. É também importante que o aluno tenha objetividade no seu cronograma de estudos para otimizar o seu precioso tempo.

Concordamos com a visão do professor, empresário e amigo Renato Saraiva: **nada supera o trabalho; quanto mais você trabalha, maior sua conquista, não existe equação mais exata.**

O concurso é um dos meios mais democráticos de selecionar pessoas para exercer um cargo público. E isso não significa que serão escolhidas as pessoas mais inteligentes, vocacionadas ou com os melhores currículos. Nesse momento, a disciplina faz total diferença na preparação do candidato, pois as regras são as mesmas para todos, e isso permite que o cidadão comum dispute uma vaga em igualdade de condições.

A disciplina está em estabelecer um **firme compromisso** e condicionar-se a realizar todas as tarefas planejadas. A pessoa disciplinada é mestre de si mesma e não permite que fatores externos influenciem negativamente o seu foco e determinação.

Cada escolha representa uma renúncia e você precisará abrir mão de algumas coisas durante um período da sua vida. Canalize suas energias em direção ao seu real objetivo. Se você escolheu se preparar para um concurso público, algumas áreas de sua vida devem permanecer em segundo plano, restando temporariamente adiadas para momento posterior a sua aprovação. Na antiguidade o dramaturgo Sófocles já constatava que não há sucesso sem grandes privações. **Aquele que não luta pelo futuro que quer, deve aceitar o futuro que vier.**

Sabemos que a vida é feita de oportunidades e tentações, com diversos eventos sociais para os quais somos convidados por amigos e familiares. Porém, ao escolhermos a aprovação no concurso público, temos que ter a capacidade de, por vezes, abstrair dessas distrações em nome de um bem maior. Afinal, as **oportunidades normalmente se apresentam disfarçadas de trabalho árduo e por isso que muitos não a reconhecem**, ensinou a escritora Ann Landers.

E não se esqueça do recado do autor Henry David Thoreau: **o sucesso normalmente contempla aqueles que estão ocupados demais para procurar por ele.**

2.5. ESTRATÉGIA

Você certamente já deve ter ouvido que concurso não mede conhecimento, que estudar para concurso faz a pessoa *emburrecer*, que o aprovado é mero decorador, que o concurseiro não sabe raciocinar juridicamente.

Certamente o concurso público não é perfeito e não consegue selecionar na ordem exata os mais inteligentes e aptos. Mas é o sistema aplicável, aceite ou não. Por isso, você precisa **seguir as regras do jogo** e agir com estratégia.

Isso significa que o candidato deve elaborar e executar um minucioso planejamento que o faça sair do ponto onde se encontra e atingir o nível necessário para ser aprovado.

Em acréscimo, antes de resolver aonde quer chegar, precisa definir um planejamento e decidir o **nível de dedicação que está disposto a realizar**. As pessoas priorizam o resultado e se esquecem de cuidar do método para chegar até ele.

O conteúdo, a quantidade, a divisão e o método de estudo, assim como as regras pormenorizadas de cada fase do certame, serão trabalhados nos capítulos seguintes.

2.6. MOTIVAÇÃO

Motivação é o motivo que nos leva à ação. Ela é importantíssima quando se busca o sucesso em alguma área. Se o aluno não estiver motivado, a sua chance de desistir no meio do caminho é muito grande.

Entendemos que a motivação atua como um **combustível** na preparação do aluno.

A cada reprovação em um concurso, é normal que o aluno se questione se realmente é capaz de ser aprovado. Nesse momento, alguns se sentem desanimados e a vontade de vencer diminui.

Assim surgem as **crenças limitantes** que sugam toda a energia e tiram a convicção sobre a competência necessária para ser aprovado em um concurso público. As crenças limitantes são padrões mentais de bloqueio e, como o próprio nome anuncia, limitam e diminuem a capacidade e o rendimento do aluno nos estudos.

Podemos identificar algumas crenças limitantes nas seguintes frases que são corriqueiramente faladas e propagadas entre os alunos, tais como: *concurso público é muito difícil;* são poucas vagas*; a concorrência é grande e são muitas matérias; concurso público é só para os gênios; concurso público é só para quem estudou muito durante a faculdade; concurso público é um jogo de cartas marcadas; todo concurso público é fraudado; concurso público é só para quem tem o dia todo para se dedicar ao estudo; eu não nasci para isso; estou muito velho para isso,* dentre outras.

Nesse momento é importantíssimo que o aluno tenha seus **gatilhos motivacionais** para lhe trazer de volta à batalha com força total, e assim buscar novamente a motivação, ânimo e a qualidade nos estudos para vencer. Quando o desânimo bater à sua porta, lembre-se dos motivos que o levaram a escolher este caminho e encare a adversidade. Tudo aquilo que te motiva a ter mais disciplina, entusiasmo e vontade de estudar pode ser usado como um gatilho motivacional, pois certamente será um combustível a mais na sua preparação, ajudando-o a ter mais qualidade nos estudos, gerando um aprendizado ainda maior.

São **motivos** comuns: fazer justiça, ajudar os pais que passam dificuldade financeira, dar um futuro melhor para o seu filho, ter estabilidade com o cargo público, provar para todos e para si mesmo que é capaz de vencer, honrar seus pais mostrando que cada centavo investido nos estudos valeu a pena. O mais relevante não é se a vontade surge da necessidade financeira (motivação negativa) ou do prazer que terá exercendo o cargo (motivação positiva). O que conta de verdade é que a **meta seja definida por você**, e não imposta por outra pessoa.

Somente consegue se manter fora da zona de conforto por muito tempo, e continuar cumprindo o planejamento após algumas decepções, quem definiu de forma muito clara seu objetivo. Você sabe que tem uma meta muito bem definida quando se levanta todos os dias com vontade de agir.

Procure elencar quais seriam os seus gatilhos motivacionais, anote e guarde consigo. Sempre que estiver desanimado, sentindo-se desmotivado, leia as suas anotações, reflita sobre o que escreveu e reveja os reais motivos que te levaram a escolher ser aprovado em um concurso público. Use-os a seu favor na preparação para o certame, fazendo com que você consiga eliminar as crenças limitantes, seguindo a sua trajetória rumo à aprovação.

Conhecemos a história de um aluno que guardava a foto de um distintivo de delegado de polícia na carteira, e sempre que ficava desanimado e cansado de estudar, abria a carteira e ficava olhando para a foto, imaginando aquele distintivo pendurado no seu peito. Outro aluno imprimiu um contracheque de autoridade policial e colou no armário, como forma de se lembrar que a aprovação para o cargo dos sonhos seria também o passaporte para a estabilidade financeira.

Como já dizia Henry Ford: **se você pensa que pode ou se pensa que não pode, de qualquer forma você está certo.**

De mais a mais, é importantíssimo que o candidato evite contato com pessoas pessimistas, que te colocam para baixo com comentários negativos e que vivem reclamando da vida, colocando-se sempre na posição de vítima.

Raramente temos um candidato que consegue ser aprovado no primeiro concurso que realiza. A maioria esmagadora que é aprovada em um concurso acumula diversas derrotas. Perder é frustrante e desanimador. Mas o sabor da vitória supera qualquer sentimento ruim.

A grande diferença entre o candidato-aprovado e o candidato-desistente está na persistência. **Só permitirá que as derrotas se transformem em fracasso definitivo aquele que desistir.**

Ao ser reprovado por um ponto ou menos, ou seja, quando o candidato *bate na trave*, deve ter em mente que ele está no caminho certo, pois já detém um conhecimento vasto que certamente será cumulativo para o próximo concurso que prestar.

Procure se apaixonar pelo processo de aprendizado. Já disse o treinador Bob Knight que **a vontade de se preparar tem que ser maior que a vontade de vencer.**

Cuidado para não achar que você tem que ser feliz em 100% do seu dia, realizando apenas as atividades que o satisfazem integralmente. Segundo o médico e escritor Lair Ribeiro, **o segredo da vida não é fazer o que você gosta, é gostar do que você faz.** Aprenda a achar o lado bom das coisas.

Por fim, tire da cabeça a ideia de disciplina chata (**não há matéria chata, o problema é a falta de interesse**) e matéria difícil (**o nível de dificuldade da prova é definido pela sua quantidade de estudo**).

Quanto às matérias sobre as quais você detém menos conhecimento, aprenda a enxergar sua importância e comece dos conceitos básicos. Aprofunde-se no tema de forma paulatina e constante até obter um sólido conhecimento.

2.7. RESILIÊNCIA

Resiliência é a capacidade de o indivíduo lidar com adversidades, adaptar-se a mudanças e resistir à pressão, conseguindo assim superar obstáculos. De outro lado, **vitimismo** é a condição de quem se sente traída e injustiçada pela vida, acreditando que o sucesso só não ocorre por fatores externos. Enquanto o resiliente encontra uma solução para cada problema, a vítima acha um problema para cada solução.

O mundo dos concursos não perdoa a ***desculpite***. Na hora da prova, o examinador não quer saber quem tem filho pequeno em casa, quem trabalha e tem pouco tempo para estudar, quem está doente, e quem não controlou direito o tempo da prova. Pelo contrário, se possível a banca examinadora selecionará quem não tem esses problemas, ou, se os tiver, conseguiu superá-los sem pestanejar.

Tampouco se preocupe com eventuais injustiças nas correções das provas. Concentre-se em estudar o máximo possível, até atingir o nível em que nenhum examinador conseguirá reprovar você.

Quem quer fazer alguma coisa encontra um meio; quem não quer fazer, encontra uma desculpa. Portanto, de nada adianta choramingar nas redes sociais, ficar em corredor de cursinho ou em casa tentando sensibilizar os mais próximos a sentirem pena de você, mostrando-se um injustiçado pela vida.

Seja resiliente, pois o seu êxito depende de ser capaz de levantar uma vez mais do que o número de vezes que cair. Ademais, viver é enfrentar um problema atrás do outro. O modo como você os encara é que faz a diferença.

Concurso não é para *gênios, vocacionados* ou *iluminados*. A aprovação vem para quem tem mais ***disposição e raça***. O aspecto positivo da reprovação é forçar o reinício de um ciclo, que permitira um acúmulo de conhecimento agregado e o colocará na frente da fila da aprovação.

Como disse o professor William Douglas, **a dor é temporária, mas o cargo é para sempre.**

Se não puder vencer pelo talento, vença pela persistência.

2.8. COMPETITIVIDADE

O mundo, agora como no passado, se baseia na competição, disse o filósofo Bertrand Russell.

Ser competitivo não é ser desleal nem desumano, mas apenas apreciar a disputa sadia que permite a evolução dos concorrentes e em que o mais preparado atinge o êxito. Não há nada de errado em buscar a superação, pelo contrário, o errado é ficar estagnado.

A principal disputa é consigo mesmo, servindo os concorrentes apenas como parâmetro. Por isso, é correta a frase do escritor James Hunter: **não devemos nos orgulhar de ser melhores do que os outros, e sim melhores do que já fomos.**

Faça as coisas acontecerem. Conversa não adianta. O que interessa é resultado. Não por outra razão disse o atleta Michael Jordan: **sem o respaldo do desempenho e do trabalho duro, as palavras não significam nada.**

O importante é querer vencer. Ayrton Senna, um dos maiores ídolos do Brasil, já alertava que essa história de que o importante é competir não passa de pura demagogia.

Não se esqueça: **uma pequena diferença no desempenho faz uma grande diferença no resultado.**

2.9. AUTOCONFIANÇA

Você nunca se sentirá completamente preparado. Afinal, quanto mais estudamos, mais temos a noção de que nosso conhecimento é muito pequeno perto da quantidade de saber disponível. Provavelmente por isso o filósofo Sócrates proferiu sua célebre frase: **só sei que nada sei.**

Não espere se sentir absolutamente preparado para agir. E não permita que as reprovações no caminho, naturais para qualquer candidato, minem a confiança em si mesmo. Encare cada *não* recebido como uma provocação para se preparar com mais afinco e se tornar um profissional melhor no futuro. **O insucesso é apenas uma oportunidade para recomeçar com mais inteligência**, na lição do empresário Henry Ford. **O que nos parece uma provação amarga pode ser uma bênção disfarçada**, ensinou o escritor Oscar Wilde.

A busca por resultados imediatos leva à frustração. A aprovação é um projeto de médio e longo prazo. Aceite. Aja com inteligência. Não seja seu pior inimigo, torne-se seu maior aliado.

2.10. ATITUDE

Não adianta estudar muito e saber toda a matéria: é preciso ter controle emocional e firmeza para realizar a prova.

Muitos chegam ao momento decisivo com uma carga insuportável de pressão sobre os ombros. Afirmam a si mesmos que a aprovação é obrigação, quando deveriam adotar paradigma diverso, qual seja, de **fazer a melhor prova possível.** Confie no treinador John Wooden, que definia sucesso como **a paz de espírito proveniente da consciência de que você fez o maior esforço possível para se tornar o melhor dentro do seu potencial.**

Por melhor preparado que você esteja, a aprovação está fora do seu controle. Já realizar a prova utilizando todos os seus conhecimentos é o que deve ser buscado, e pode culminar na aprovação. Encare a aprovação como uma possibilidade, não como uma expectativa, ficando assim blindado contra a frustração.

Não enxergamos problema algum em estudar na última semana da prova. O concurseiro não pode se dar ao luxo de desperdiçar esse tempo precioso. Descansar no final de semana é suficiente.

Tampouco há óbice para realizar revisão no dia anterior à prova, a não ser que piore seu estado emocional, hipótese em que deve optar por descansar.

Algumas providências devem ser adotadas para não gerar imprevistos e não permitir que o foco seja desviado.

Visite o local de prova, ainda que virtualmente, calculando o tempo de deslocamento pelo GPS, adicionando minutos para cobrir imprevistos.

Leia com atenção o edital para não ser surpreendido por detalhes como cor da caneta e tipo de relógio autorizados e proibição de celular.

Evite consumo de bebida alcoólica e realização de exercícios físicos pesados ou de contato.

No dia da prova, coloque 2 despertadores, em distância que não possam ser desativados sem você ter que se levantar. Tome café da manhã e saia com antecedência.

Capítulo 3

Planejamento dos estudos

3.1. INTRODUÇÃO

O planejamento dos estudos visa ajudar o aluno a otimizar o seu tempo, dividir os temas a serem estudados durante a semana, bem como criar metas diárias a serem cumpridas, para que possa perceber a evolução no seu aprendizado, sabendo ao certo quais são as suas dificuldades e o que deve ser melhorado.

Não existe milagre para ser aprovado no concurso público. É preciso investir em tempo e estratégia de estudo.

Tempo de estudo nada mais é do que ***bunda na cadeira***, ou seja, aquele período em que você abre mão de todo o resto para se dedicar a aprender e memorizar.

Estratégia de estudo envolve constatar o conteúdo exigido no edital do cargo que você pretende conquistar, organizar a quantidade e divisão do estudo, realizar revisão e utilizar os melhores métodos de estudo com base no melhor material e nas melhores aulas disponíveis.

Quando se escolhe para qual concurso público se dedicar, já damos o primeiro passo para atingirmos o nosso objetivo. Assim podemos focar com mais qualidade os nossos estudos que serão totalmente direcionados para o cargo almejado. Com isso, não perdemos tempo com matérias que não serão interessantes para a nossa preparação e otimizamos o nosso tempo.

Ao decidir estudar para o concurso, o aluno deverá primeiramente analisar o edital para saber quais são as exigências básicas, as suas etapas, quais matérias são cobradas e com qual incidência. Precisa também conferir as provas anteriores daquele certame para notar o nível de dificuldade que costuma ser exigido.

Importantíssimo também pesquisar sobre as bancas examinadoras, a fim de saber qual o estilo das questões da prova.

Por essa razão, o aluno precisa escolher um concurso como seu grande foco, nada impedindo que preste outros certames correlatos. O que não deve fazer de forma alguma é *sair atirando para todos os lados*, submetendo-se a concursos com disciplinas e exigências completamente distintas.

Com a definição do conteúdo, quantidade e divisão do estudo, bem como seu método de preferência, é preciso colocar a *mão na massa*. Tendo em mente que o mais importante não é a quantidade de horas estudadas, mas sim a qualidade do estudo e a sua regularidade.

Não se esqueça do aviso do político e advogado Rudolph Giuliani: **quando a preparação é intensa e sistemática, qualquer coisa diferente será apenas uma pequena variação daquilo para o que você se preparou.**

3.2. CONTEÚDO DO ESTUDO

A primeira coisa a ser feita quando se pretende realizar um cronograma de estudos é analisar o conteúdo programático do edital do concurso almejado, o que possibilitará que o candidato saiba ao certo quais matérias serão cobradas, e a incidência dessas disciplinas na prova.

Quando não há ainda um edital publicado para o concurso meta, deve-se analisar o edital anterior, ou seja, o do último concurso público realizado. Assim, o aluno certamente terá uma boa noção do que está por vir no próximo edital, já que não costuma haver grandes alterações entre um e outro.

Por óbvio, aconselhamos que o candidato não espere publicar o edital para começar os seus estudos. Esse é um erro crasso. Sabemos que muitos candidatos são movidos tão somente pela abertura de editais de concurso. Hibernam durante o ano inteiro e quando o edital é publicado tentam recuperar todo o tempo perdido. Resultado da prova? Vai ter que aguardar o próximo edital. Portanto, a análise do edital e a elaboração do planejamento de metas semanais devem ser feitas com uma boa margem de antecedência, possibilitando um estudo aprofundado e de qualidade.

Digamos que o aluno queira se preparar para o concurso público de delegado de Polícia Federal. Assim, deverá procurar o último edital e analisar com calma o seu conteúdo programático, bem como a respectiva prova para conferir a quantidade de questões de cada disciplina, o que pode ser esquematizado da seguinte forma:

Disciplina	Nº de questões na Prova Objetiva	Prova Dissertativa e Oral
Direito Constitucional	15	exigidas
Direito Administrativo	19	
Direito Penal	20	
Direito Processual Penal	20	
Legislação Penal Especial	19	
Criminologia	5	não exigidas
Direito Civil	2	
Direito Processual Civil	1	

Disciplina	Nº de questões na Prova Objetiva	Prova Dissertativa e Oral
Direito Empresarial	1	não exigidas
Direito Internacional Público	6	
Direito Previdenciário	5	
Direito Financeiro e Tributário	7	

Observando a tabela, fica evidente que o candidato deve estudar de forma mais aprofundada e, por consequência lógica, dedicar mais tempo de estudo para o primeiro grupo de disciplinas, cuja incidência na prova objetiva é nitidamente superior que as demais. Além disso, as disciplinas desse primeiro grupo são objeto de questionamento das demais etapas do concurso.

3.3. QUANTIDADE E DIVISÃO DO ESTUDO

Outro ponto relevantíssimo é saber qual a disponibilidade de tempo que o aluno terá para se dedicar aos livros e aulas (muitos alunos trabalham, cuidam da casa, cuidam dos filhos, praticam atividade física etc.) e o prazo em que deve finalizar o estudo (data da prova em caso de edital publicado, ou data possível da prova em caso de edital ainda não lançado).

Para isso, deverá fazer uma análise detalhada de suas tarefas diárias e verificar quantas horas e em quais dias poderá, efetivamente, dedicar-se a um estudo com qualidade, registrando a rotina em um quadro de horários, conforme já exemplificado.

Sobre estudar no final de semana, não existe uma regra infalível. Não vemos problema algum em estudar também no sábado, afinal, algum sacrifício temporário é necessário. Todavia, recomendamos ao menos um dia de descanso para recarregar as baterias e investir na família, sobretudo quando ainda não há edital na praça.

A título de exemplo, aquele que não trabalha e tem a possibilidade de se dedicar aos estudos em tempo integral deverá ter uma carga horária de 8 a 10 horas diárias de estudos, ao passo que aquele que trabalha precisará buscar um rendimento aproximado de 3 a 4 horas diárias, compensando o déficit nos finais de semana e feriados. Mas isso, claro, não é uma regra absoluta. Diversos alunos foram aprovados em concursos difíceis estudando aproximadamente 4 horas por dia. Com foco, disciplina e motivação tudo é possível!

Importante, também, separar o material referente a cada disciplina a ser estudada, que consiste em legislação (Vade Mecum Carreiras Policiais e Caderno de Estudos de Lei Seca, por exemplo), doutrina, exercícios e jurisprudência.

Não se esqueça que você precisa ter um bom conhecimento de **todas as disciplinas**, e não ser especialista em uma e medíocre nas demais. Portanto, conforme já alertamos, não cultive a atitude de ter matérias que gosta e outras que não gosta.

Ter uma ideia do número total de páginas que você vai estudar e a quantidade média de páginas que consegue ler por hora (produtividade), é um ótimo referencial para que saiba a quantidade de tempo a ser gasta para percorrer todo o edital. Certamente levará meses para conseguir, e essa constatação é capaz de te manter sempre alerta, com senso de urgência no sentido de que não pode perder tempo com coisas fúteis, sob pena de prejudicar seu planejamento e adiar sua aprovação.

Saber qual é sua produtividade (capacidade de leitura por hora) é importante também para cada dia do seu estudo. Assim você tem sempre uma **meta concreta** do conteúdo que deve estudar, e seu cérebro terá mais incentivo para completar a tarefa. Fica mais difícil abandonar a atividade.

Como não existe só uma fórmula correta de estudos, há quem prefira estudar uma matéria por turno, quem ache melhor estudar uma matéria por dia, e até mesmo quem tenha preferência por estudar a mesma matéria vários dias até esgotar seu conteúdo e somente aí passar para a próxima. Cada método possui seus prós e contras, o importante é você perceber qual é aquele que possibilita seu maior rendimento e regularidade.

Independente da técnica utilizada, é fundamental incluir no seu planejamento a leitura dos informativos dos Tribunais Superiores e a resolução de questões de provas realizadas, em especial da banca examinadora que costuma organizar o concurso para o qual você está se preparando. Resolvendo exercícios você notará como as bancas estão explorando os temas que você estudou e perceberá que muitas delas se repetem. Não se preocupe com eventuais erros ou acertos, pois esse é o momento propício para o equívoco (seu estudo), permitindo que no dia da prova amplie suas chances de êxito, tendo em vista que muitas questões se parecem. Se resolveu 10 provas anteriores, por exemplo, chegará no dia do concurso com a experiência parecida daquele que já se submeteu a 10 certames, ainda que seja sua primeira disputa.

Seja qual for o tempo disponível de estudos por dia, é fundamental que você faça rápidas pausas de poucos minutos para levantar, alongar, tomar água ou café. Faça isso a cada 50 minutos ou 1 hora. Você retornará com novo ânimo para continuar os estudos.

Como já ensinado, não despreze os intervalos ociosos da sua rotina. Cada meia hora de estudo faz a diferença no final.

Não caia tampouco na armadilha de esperar *horas ou minutos cheios* para iniciar ou retomar o estudo. Para protelar, muitos não sentam para estudar 14h10min, por exemplo, esperando 14h30min para somente então retomar os trabalhos.

Abaixo um modelo de planilha de quem pode estudar de segunda a sábado, e tem 5 horas de estudo por dia, preferindo estudar uma matéria a cada dia.

	Segunda	Terça	Quarta	Quinta	Sexta	Sábado
3H/4H	**Civil** Lei de Introdução às normas do Direito Brasileiro.	**Proc. Penal** Sistemas processuais. Princípios.	**Penal** Princípios e fontes do Direito Penal.	**Constitucional** Constituição	**Administrativo** Organização Administrativa	**Legis. Penal** Lei de Drogas
1H	resolução de questões	resolução de questões	resolução de questões	resolução de questões	resolução de questões	jurisprudência
30min	lei seca	lei seca	lei seca	lei seca	lei seca	lei seca

Conforme se observa dos quadros acima, a resolução de questões deve ser feita logo após o estudo do tema (doutrina + jurisprudência), respeitando o conteúdo estudado e visando obter um melhor aprendizado. Assim, se o assunto estudado foi Inquérito Policial em Processo Penal, logo depois deverá realizar questões sobre esta matéria para sedimentar os conceitos em sua memória. Percebendo que a resposta de uma questão por você solucionada consta exatamente no texto da lei, não deixe de realizar uma marcação ou anotação no seu Vade Mecum (falaremos mais sobre isso no tópico 4.2).

Superado o estudo da doutrina, da jurisprudência e a resolução das questões, é hora de se debruçar sobre a lei seca. Em provas objetivas, mais de 70% das questões são extraídas da letra fria da lei. Daí a importância de o candidato conhecer a legislação constante do seu edital. Por óbvio, o conteúdo da lei também é exigido em provas discursivas e orais, razão pela qual aquele que abre mão do estudo da lei seca dificilmente obterá êxito em um concurso público.

Portanto, o estudo mais adequado é aquele que segue a seguinte sequência: doutrina + jurisprudência + resolução de questões + lei seca. A título de exemplo, imagine que o tema a ser por você estudado em determinado período é *Interceptações Telefônicas*. Você deverá estudar uma boa doutrina sobre o assunto. Após, pesquise se há julgados dos Tribunais Superiores (STF e STJ) envolvendo essa temática. Muitas vezes a própria doutrina traz essa informação. Encontrando súmula ou jurisprudência relevante, estude-a com atenção, porque muitas provas exigem um conhecimento mais aprofundado do candidato. Na sequência, resolva dezenas de questões relacionadas aos pontos efetivamente estudados. Com isso, terá noção do que vem sendo cobrado pelas bancas examinadoras, bem como a forma de abordagem daquele conteúdo. Superada essa terceira etapa (doutrina + jurisprudência + resolução de questões) é hora de enfrentar a lei seca. Agora, quando for estudar a Lei de Interceptações Telefônicas (Lei 9.296/96) em seu Vade Mecum, no Caderno de Estudos de Lei Seca ou no seu próprio computador, você perceberá quais os pontos foram cobrados com mais frequência e são merecedores de maior atenção, pois você já os destacou enquanto resolvia as questões ou leu a doutrina.

Conquanto seja preciso um mínimo de horas de estudo para ser possível absorver o conhecimento, devemos grifar que mais importante do que a quantidade é a **qualidade**. Estudar não é ler desinteressadamente enquanto o tempo passa, mas raciocinar sobre as ideias e as compreender.

À medida que for adquirindo mais experiência, a tendência é aumentar a velocidade do raciocínio.

Não se preocupe em aprender *leitura dinâmica,* basta ler com a maior agilidade possível para a absorção do conteúdo.

3.4. REVISÃO

A revisão é uma etapa importantíssima do estudo, pois nos ajuda a sedimentar as informações na memória. Num contexto em que há uma enormidade de conteúdo a ser assimilado, somado ao estresse causado pela obrigação de saber tudo, é importante que a curva do esquecimento seja combatida por meio de revisões.

O objetivo da revisão não é sair lembrando 100% do conteúdo (algo que não se consegue nem com o tempo adicional do estudo normal), mas com a **ideia geral da matéria**.

A partir deste momento, vamos apresentar 3 tipos de revisões que poderão ser incluídas no cronograma de estudos de acordo com a preferência do aluno: a revisão diária, a revisão semanal e a revisão global.

Na **revisão diária**, no início do estudo, o aluno irá revisar o tema estudado no dia anterior, onde após uma noite de sono poderá relembrar os pontos mais importantes do assunto.

A título de exemplo, utilizando o mesmo quadro anterior:

	Segunda	Terça	Quarta	Quinta	Sexta	Sábado
30 min	revisão do tema estudado no dia anterior	revisão do tema estudado no dia anterior	revisão do tema estudado no dia anterior	revisão do tema estudado no dia anterior	revisão do tema estudado no dia anterior	revisão do tema estudado no dia anterior
3H / 4H	**Civil** Lei de Introdução às normas do Direito Brasileiro.	**Proc. Penal** Sistemas processuais. Princípios.	**Penal** Princípios e fontes do Direito Penal.	**Constitucional** Constituição	**Administrativo** Organização Administrativa	**Legis. Penal** Lei de Drogas
30 min	resolução de questões	resolução de questões	resolução de questões	resolução de questões	resolução de questões	resolução de questões
30min	lei seca	lei seca	lei seca	lei seca	lei seca	lei seca

A revisão diária poderá ser compatível com qualquer tipo de cronograma de estudos, uma vez que o aluno poderá sempre adequá-la à sua carga horária, buscando um melhor conforto na organização dos seus estudos.

Importante relembrar que o aluno deverá fazer a revisão apenas no tempo previsto no cronograma, pois essa revisão não poderá atrapalhar o estudo do tema principal do dia.

Quanto à **revisão semanal**, esta poderá ser feita sábado ou domingo, e com qualquer carga horária de estudos, sendo que, neste caso, o aluno irá separar o dia inteiro para revisar os temas estudados durante a semana.

A **revisão global** é feita após a conclusão de todos os temas de cada matéria do conteúdo programático. Assim, ao concluir todos os temas de Direito Penal, por exemplo, o aluno fará uma boa revisão de tudo que já foi estudado.

Não aconselhamos a revisão global, porque a curva do esquecimento tende a ser infinitamente maior. Imagine estudar toda a parte geral de Direito Penal para somente aí dar início a uma revisão, ou então, começar a revisar uma matéria somente ao final do estudo de um livro. Certamente os capítulos iniciais ficarão prejudicados, pois foram vistos há bastante tempo.

Capítulo 4

Métodos de estudo

4.1. FORMAS DE ESTUDAR

Não existe fórmula mágica ou um método de estudo milagroso. O que há, são formas diversas de se estudar e aprender, e, certamente, muitas funcionam e devem ser utilizadas. O conhecimento pode ser adquirido de diversas maneiras. O mais importante é assumir diante do livro e da aula uma **postura ativa** (de questionamento, e não de comodismo).

Nesse sentido, em vez de se sentar passivamente perante as lições do professor, tenha **curiosidade**. Faça a si mesmo de antemão perguntas a serem respondidas durante a exposição da matéria, procurando respostas sobre a lógica e a importância da matéria.

Exemplo:

- Leitura: Art. 4º do CPP. A polícia judiciária será exercida pelas autoridades policiais no território de suas respectivas circunscrições e terá por fim a apuração das infrações penais e da sua autoria.
- Perguntas mentais: As autoridades policiais desempenham as funções em qual instituição? Polícia Judiciária. As autoridades atuam em qual esfera? No território de suas respectivas circunscrições. Qual a finalidade da Polícia Judiciária? Apuração das infrações penais e da sua autoria.

Ao fazer **perguntas**, além de se obrigar a refletir sobre o que acabou de ler e se abster de passar adiante sem entender, permite melhor memorização e o eventual surgimento de dúvidas ou conexões com outros pontos da matéria.

Estudar é como montar um quebra-cabeça, em que você primeiro enxerga o todo por meio de um olhar superficial, passa a realizar os primeiros encaixes já com certa habilidade, e por fim realiza os encaixes finais com domínio completo sobre a atividade.

O estudo pode ser dividido nas seguintes **etapas**:

a) procura: exame prévio da matéria, criando a curiosidade sobre o que será estudado;

b) perguntas: formulação de indagações acerca do que se quer aprender;

c) análise: leitura do texto ou acompanhamento da aula para absorver as informações;

d) revisão: verificar novamente o conteúdo.

Se estiver distraído e com pouca concentração, acompanhe a leitura com os dedos ou uma régua, para cadenciar o estudo, até retomar o ritmo.

Há alunos que só estudam fazendo resumo, e há outros que não gostam deste método e preferem grifar os pontos mais importantes, criar mapas mentais e processos mnemônicos, ou fazer breves anotações. Os métodos não são excludentes. Em qualquer caso, o candidato tem plenas condições de ser aprovado no concurso, devendo optar pelo que mais lhe agrada e ajuda no momento do seu aprendizado.

Considere o custo-benefício de cada método. O resumo gasta mais tempo, mas costuma fixar bem o conteúdo por exigir o tempo todo uma participação ativa do estudante. Outros métodos são mais ágeis, mas nem sempre contemplam tempo suficiente para o conhecimento ser devidamente fixado na memória.

Lembre-se que o ponto crucial reside na realização de um **estudo ativo**, fazendo a leitura e buscando a informação principal e as secundárias, as causas e consequências, os prós e contras, ou seja, completar uma análise mental do tema.

Ao assistir uma aula, quando o aluno realiza anotações daquilo que o professor está ensinando, de certa forma já está preparando seu próprio resumo da matéria ministrada, pois na medida em que o professor explica determinado conteúdo, o aluno transcreve para o caderno, ficha ou arquivo digital aquilo que entendeu.

Ao resumir um livro, o aluno deve se utilizar desta mesma técnica, evitando ao máximo transcrever *ipsis litteris* o material, mas sim redigir com suas palavras o que foi absorvido. Este processo irá ajudar muito na sua memorização, pode confiar.

Como dito, existem outros métodos que podem ser empregados, alternativa ou cumulativamente:

a) Palavras-chave: o aluno sintetiza uma frase utilizando-se apenas de suas palavras chaves.

homens = mulheres (art. 5º, inciso I, da Constituição) => direitos / obrigações

b) Estrutura de tópicos: o aluno deverá dividir os tópicos hierarquizando os assuntos com subtópicos.

1) Classificação das penas:

a) penas privativas de liberdade;

a.1) regime fechado: a execução da pena se dará em estabelecimento de segurança máxima ou média;

a.2) regime semiaberto: a execução da pena se dará em colônia agrícola, industrial ou estabelecimento similar;

a.3) regime aberto: a execução da pena se dará em casa de albergado ou estabelecimento adequado.

b) penas privativas e restritivas de direito;

c) penas pecuniárias.

c) Conexões com setas: o aluno liga conceitos com setas ou colchetes para facilitar a memorização, estimulando, inclusive sua memória visual.

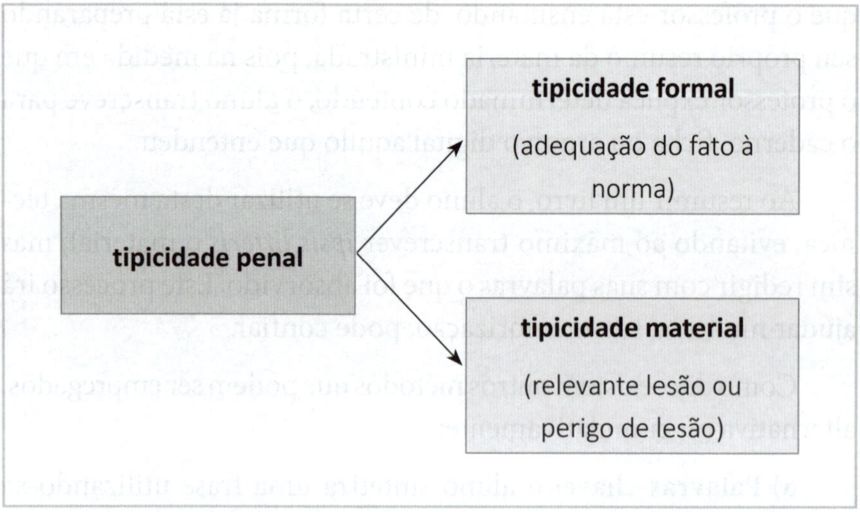

d) Agora veja esse **esquema com colchetes**:

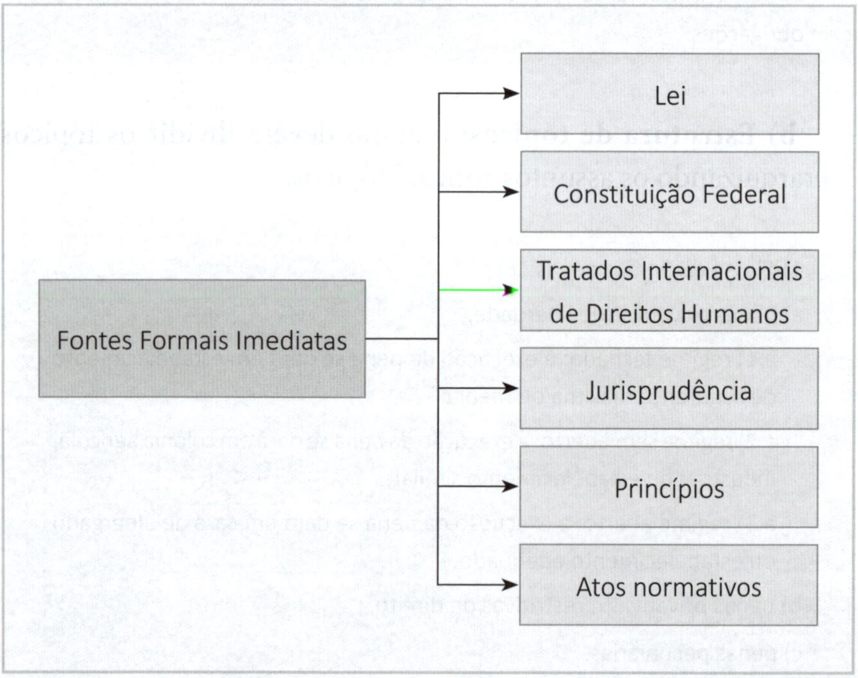

e) Já os **quadros esquemáticos** são excelentes para elaborarmos comparações entre conceitos semelhantes, facilitando na diferenciação dos institutos e, por corolário, na memorização.

Erro de tipo	Erro de proibição
Neste há uma falsa percepção da realidade que circunda o agente. O agente não sabe o que faz ou não sabe exatamente o que faz. Desconhece a situação fática, o que lhe impede o conhecimento de um ou mais elementos do tipo penal. O erro de tipo exclui o dolo. Ex.: "A" sai da festa com a carteira de terceiro que imagina ser sua – há falsa percepção da elementar "coisa alheia móvel".	Neste o agente tem uma apercepção perfeita da realidade, mas se equivoca sobre regra de conduta. O agente sabe o que faz, mas ignora ser ilícito. Não afeta o dolo, que é natural (no finalismo). Ex.: Sujeito se apropria de uma caneta achada, ignorando ser proibido.
Escusável: exclui o dolo e a culpa; **Inescusável**: exclui o dolo, mas permite a punição por crime culposo, se previsto em lei.	**Escusável**: exclui a culpabilidade (potencial consciência da ilicitude); **Inescusável**: não afasta a culpabilidade, mas impõe a diminuição da pena, de 1/6 a 1/3.

f) De outro lado, para elaborar um bom **mapa mental**, deve-se definir, em primeiro lugar, o principal tema da matéria a ser estudada. Este será o núcleo do seu mapa e ficará em destaque. Nada impede, aliás, é recomendável, que este núcleo venha associado a um desenho para facilitar o resgate da memória.

Após definir o tema, são escolhidos os subtemas, que são as principais ideias que permeiam o conteúdo que o aluno está estudando, os quais também poderão ser associados a desenhos. Lembrando que o mapa mental deve fazer sentido para a pessoa que o está elaborando, não devendo se preocupar tanto com a estética, mas sim com o conteúdo.

No exemplo abaixo, o mapa mental foi incrementado com um recurso mnemônico, com base nas iniciais das palavras (SO CI DI VA PLU). Não importa se o termo for ridículo, o mais importante é entender a matéria e memorizar o conteúdo.

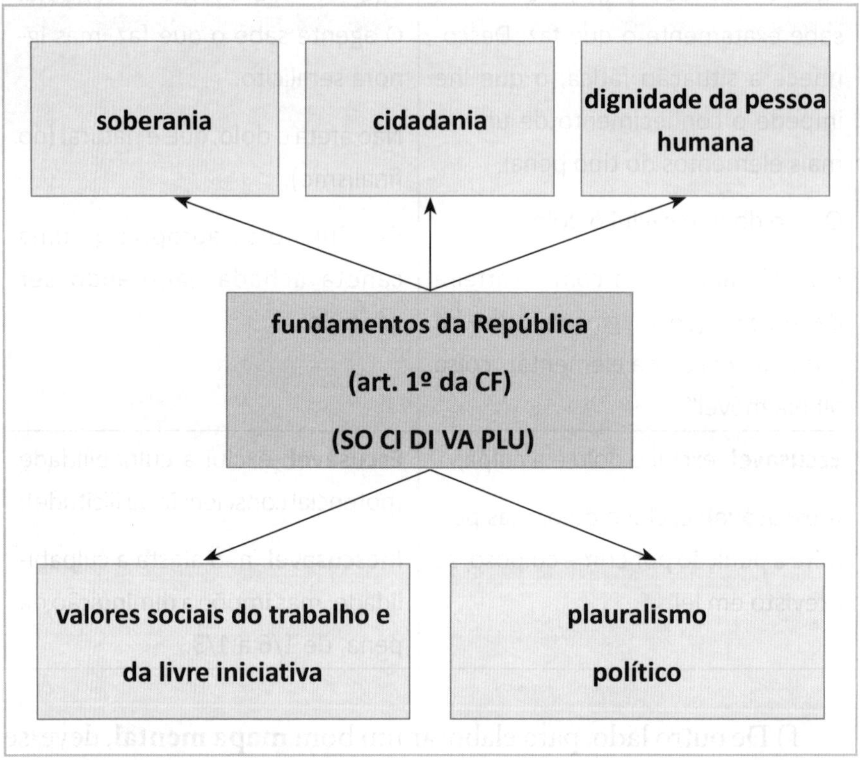

Há quem goste de somar o **estudo em grupo** ao estudo individual. O estudo em grupo pode ser bastante produtivo, desde que algumas cautelas sejam tomadas. Selecione a dedo os integrantes, tendo certeza de que também são disciplinados e estudam com o afinco para o mesmo concurso que você. Estabeleça regras claras sobre a dinâmica dos encontros, evitando distrações.

4.2. ESTUDO POR LEGISLAÇÃO

O estudo da legislação é bem maçante e enfadonho, mas extremamente necessário, especialmente para a prova objetiva, que costuma formular questões retiradas da letra fria da lei. Assim, sem dúvida alguma o aluno não pode abrir mão desse estudo, cuja importância já foi por nós realçada.

Não aconselhamos que a letra da lei seja estudada de forma isolada e por período muito longo, pois o estudo se tornará entediante e o grau de aprendizado não será satisfatório. Ficar a semana inteira lendo o Vade Mecum certamente não fará com que o candidato memorize todos os institutos de uma só vez. Ademais, em grande parte das vezes as normas não possuem a redação mais didática, sendo preciso a explicação da doutrina para a completa compreensão do assunto.

O método mais utilizado, sem dúvida, é o de grifar palavras-chave do texto legal. Não é recomendado que o aluno sublinhe o texto inteiro de um artigo ou parágrafo, pois quem grifa tudo, na verdade não grifa nada. Palavras que indicam situações extremas, a exemplo de *nunca, sempre, jamais, única, impossível, somente, exceto, todos*, são alvos de pegadinhas em provas objetivas e devem ser grifadas.

No entanto, sugerimos um outro método, muito mais interessante e menos monótono. O aluno deverá baixar toda a legislação constante no edital em seu computador, separando-a por matérias e, em seguida, por temas. Isso não precisa ser feito de uma só vez. Nem é recomendável que assim se proceda. Baixe apenas a lei ou o Código que irá estudar naquele momento. Exemplo: Crie uma pasta para a disciplina Direito Penal. Vamos supor que o tema a ser estudado seja a Lei de Interceptações Telefônicas. Baixe a Lei 9.296/96 em seu computador, converta o arquivo no formato *word*, tornando-o editável. As palavras-chave encontradas na lei (lembre-se que a essa altura você já detectou essas palavras, as quais estão grifadas em seu Vade Mecum ou no Caderno de Lei Seca, pois você estudou a doutrina e resolveu muitas questões sobre o tema) não deverão ser sublinhadas. Agora vem o detalhe importante. Utilize o pincel na cor preta para **esconder a palavra-chave** que você encontrou. Veja abaixo um ótimo exemplo relacionado ao prazo que o juiz tem para decidir um pedido de interceptações telefônicas. Você sabe a resposta? Pois é, está na própria lei.

> Lei 9.296/96
>
> Art. 4° O pedido de interceptação de comunicação telefônica conterá a demonstração de que a sua realização é necessária à apuração de infração penal, com indicação dos meios a serem empregados.
>
> (...)
>
> § 2° O juiz, no prazo máximo de **(vinte e quatro horas)**, decidirá sobre o pedido.

Esse método é muito mais dinâmico e desafiador, na medida em que provoca o aluno a preencher mentalmente a lacuna por ele criada. Também será seu grande aliado durante a **revisão da lei seca**. Imagine toda a sua Constituição, seus Códigos e as leis esparsas salvos em seus arquivos com diversas lacunas a serem mentalmente preenchidas por você. Certamente, seu estudo da lei seca nunca mais será o mesmo.

A fim de demonstrar a importância do estudo da legislação, colacionamos uma questão de concurso de delegado de polícia onde é possível notar que foi exigido do candidato o conhecimento da letra fria da lei.

> *PCDF, 2009, banca FUNIVERSA*
>
> Acerca dos crimes contra a honra, assinale a alternativa correta.
>
> Parte superior do formulário
>
> a) Nos crimes de calúnia e difamação, não se admite a retratação.
>
> b) A exceção da verdade, no crime de calúnia, é admitida se, constituindo o fato imputado crime de ação privada, o ofendido não foi condenado por sentença irrecorrível.

c) É impunível a calúnia contra os mortos.

d) No delito de injúria, o juiz poderá deixar de aplicar a pena se o ofendido, de forma reprovável, provocou diretamente a injúria.

e) Caso um advogado, na discussão da causa durante uma audiência, acuse o juiz de prevaricação, o crime de calúnia estará amparado pela imunidade judiciária.

Resposta: D

CP, art. 140, § 1º – O juiz pode deixar de aplicar a pena: I – quando o ofendido, de forma reprovável, provocou diretamente a injúria;

Em diversos casos o examinador apenas retira algumas frases da lei e formula uma questão. Não raras vezes, vale ressaltar, consegue induzir o candidato a erro fazendo uso de mero jogo de palavras. Por isso, insistimos. O aluno precisa conhecer a lei!

Sempre que estiver estudando por alguma doutrina, e o autor fizer menção a certo artigo de lei sem apresentar seu inteiro teor, é imprescindível que se abra o Vade Mecum para ler o dispositivo mencionado. Isso facilitará na compreensão e memorização dos institutos. Se notar alguma palavra-chave no dispositivo, aproveite para utilizar o método de camuflar palavras, conforme ensinamos. Com isso você já otimiza o seu tempo.

Por fim, preste muita atenção aos artigos de lei que fazem menção às atividades da carreira referente ao seu concurso, pois certamente terão grande incidência.

Temos a seguir alguns exemplos quanto à carreira de delegado de polícia:

CPP, art. 6º Logo que tiver conhecimento da prática da infração penal, a **autoridade policial** deverá:

Lei 12.850/13, art. 4º, § 2º Considerando a relevância da colaboração prestada, o Ministério Público, a qualquer tempo, e o **delegado de polícia**, nos autos do inquérito policial, com a manifestação do Ministério Público, poderão requerer ou representar ao juiz pela conces-

> são de perdão judicial ao colaborador, ainda que esse benefício não tenha sido previsto na proposta inicial, aplicando-se, no que couber, o art. 28 do Decreto-Lei nº 3.689, de 3 de outubro de 1941 (Código de Processo Penal).
>
> Lei 9.613/98, art. 4º O juiz, de ofício, a requerimento do Ministério Público ou mediante representação do **delegado de polícia**, ouvido o Ministério Público em 24 (vinte e quatro) horas, havendo indícios suficientes de infração penal, poderá decretar medidas assecuratórias de bens, direitos ou valores do investigado ou acusado, ou existentes em nome de interpostas pessoas, que sejam instrumento, produto ou proveito dos crimes previstos nesta Lei ou das infrações penais antecedentes.

Portanto, nunca abandone o estudo da letra da lei, por mais maçante que ele seja. Tenha certeza que esse será o caminho para o levar à segunda fase de qualquer concurso.

Lembrando sempre de que o estudo da legislação deve vir acompanhado da doutrina e da jurisprudência, finalizando com a resolução de questões, conforme sequência por nós sugerida no capítulo anterior.

4.3. ESTUDO POR DOUTRINA

Nos concursos para carreiras jurídicas, como é o caso de delegado de polícia, a incidência de questões oriundas de doutrina é muito frequente. Assim, o seu estudo se torna igualmente essencial para se obter um bom resultado já na fase objetiva.

O primeiro conselho que damos aos alunos é que escolha uma boa doutrina para cada disciplina, devendo esta ter uma profundidade condizente com a dificuldade do concurso. Em vez de doutrina densa ou clássica, prefira livros direcionados para concursos. Atualmente a Juspodivm é a editora referência, possuindo ótimos manuais de todas as disciplinas exigidas nos certames.

Um grande erro cometido por alguns candidatos é achar que deve ler diversas doutrinas sobre cada matéria. Não há tempo hábil para isso, portanto, foque na doutrina escolhida e complemente o seu estudo com aulas, legislação, exercícios e jurisprudência.

Vejamos a seguir questão de concurso de delegado polícia em que foi cobrada doutrina referente à parte geral do Direito Penal.

> *Polícia Federal, 2013, CESPE*
>
> Configura autoria por convicção o fato de uma mãe, por convicção religiosa, não permitir a realização de transfusão de sangue indicada por equipe médica para salvar a vida de sua filha, mesmo ciente da imprescindibilidade desse procedimento.
>
> *Resposta: CERTO*

Portanto, reforçamos a ideia de que o estudo do aluno deve intercalar entre doutrina, jurisprudência, resolução de questões, fechando com a leitura da lei que contém o tema que acabou de estudar.

4.4. ESTUDO POR JURISPRUDÊNCIA

Já faz um bom tempo que o estudo da jurisprudência se tornou essencial na aprovação do aluno, e sua incidência tem aumentado tanto em provas objetivas, quando discursivas e provas orais. Por isso, aconselhamos que os alunos incluam a leitura dos informativos do STF e STJ na sua rotina de estudos.

Para quem ainda não está acostumado com esse estudo, a leitura dos informativos dos Tribunais Superiores pode parecer um pouco confusa, principalmente porque nem sempre primam pela exposição mais didática dos assuntos.

Algo muito importante é saber se a posição estampada naquele julgado representa a posição do Tribunal ou se existe alguma divergência interna. De igual modo, é necessário avaliar se a decisão representa eventual mudança de entendimento da Corte.

Para facilitar o estudo dos informativos, indicamos o renomado site Dizer o Direito (www.dizerodireito.com.br), bem como seus livros editados pela Juspodivm.

Vejam a seguir exemplo de questões de concurso de delegado de polícia em que a resposta correta estava nos informativos do STF e STJ:

> *PCGO, 2017, CESPE*
> Júlio, durante discussão familiar com sua mulher no local onde ambos residem, sem justo motivo, agrediu-a, causando-lhe lesão corporal leve. Nessa situação hipotética, conforme a Lei n.º 11.340/2006 e o entendimento do STJ,
>
> a) a ofendida poderá renunciar à representação, desde que o faça perante o juiz.
>
> b) a ação penal proposta pelo Ministério Público será pública incondicionada.
>
> c) a autoridade policial, independentemente de haver necessidade, deverá acompanhar a vítima para assegurar a retirada de seus pertences do domicílio familiar.
>
> d) Júlio poderá ser beneficiado com a suspensão condicional do processo, se presentes todos os requisitos que autorizam o referido ato.
>
> e) Júlio poderá receber proposta de transação penal do Ministério Público, se houver anuência da vítima
>
> *Resposta: B*

> *PCMT, 2017, CESPE*
>
> De acordo com o entendimento do STF, a aplicação do princípio da insignificância pressupõe a constatação de certos vetores para se caracterizar a atipicidade material do delito. Tais vetores incluem o(a)
>
> a) reduzidíssimo grau de reprovabilidade do comportamento.
>
> b) desvalor relevante da conduta e do resultado.
>
> c) mínima periculosidade social da ação.
>
> d) relevante ofensividade da conduta do agente.
>
> e) expressiva lesão jurídica provocada.
>
> *Resposta: A*

Compulsando as questões colacionadas, fácil notar que a mera leitura de informativos não se revela suficiente para acertar a resposta.

É imprescindível que o candidato consiga discernir, dentre os diversos julgados, qual é o entendimento firmado nas Cortes Superiores, pois tem sido esse o conhecimento exigido pelas bancas examinadoras.

Esteja certo de que essa habilidade se adquire com o tempo. Todos começamos do zero e só conseguimos atingir um alto nível de conhecimento após muita dedicação. Estude no seu tempo e se dedique ao máximo que sua vitória também virá.

Por fim, não deixe de estudar os enunciados das súmulas do STJ e STF, pois traduzem as questões já pacificadas nessas casas julgadoras.

4.5. ESTUDO POR EXERCÍCIOS

Muitos não se preocupam em resolver questões de provas anteriores do cargo escolhido, bem como de outras provas da mesma banca examinadora do seu concurso meta. Acham *chato* fazer exercícios. Agindo dessa forma, o aluno não tem como saber se seu estudo está evoluindo, pois não testa seus conhecimentos com regularidade. Nessa hora é preciso grifar a lição do Coronel Red: **quanto mais você sua nos treinamentos, menos sangra no campo de batalha**.

Já falamos sobre a importância de se realizar questões de provas anteriores como uma forma de potencializar a memorização do conteúdo, bem como para ajudar o aluno a conhecer melhor o concurso que irá encarar.

Esse método, conhecido como **estudo reverso,** possibilita que o aluno conheça bem o seu *inimigo*, que, nesse caso, é a banca examinadora. Como já dizia o general e filósofo chinês Sun Tzu: **Se você conhece o inimigo e conhece a si mesmo, não precisa temer o resultado de cem batalhas**.

Portanto, não permita que a prova seja uma surpresa para você. Realizar um concurso público sem ter a menor ideia do que está enfrentando é derrota na certa. Conheça seu inimigo. Prepare-se para encará-lo.

Nesses certames, o aluno precisa saber aplicar seu conhecimento de forma adequada, sob pena de estar fadado ao fracasso. O estadista Abraham Lincoln já dizia: **Se eu tivesse 8 horas para cortar uma árvore, passaria 6 horas afiando o meu machado**. Essa frase se encaixa perfeitamente aqui, pois treinar por meio questões de provas anteriores significa justamente **afiar o machado.**

Não caia na tentação de olhar o gabarito antes de tentar de fato resolver a questão. Caso contrário, a resolução de exercícios se converterá em uma atividade meramente mecânica e sem raciocínio.

Se quiser tornar a atividade ainda mais realista, acrescente algum barulho para simular o dia da prova, como por exemplo, um ventilador.

E controle o tempo, assim como terá que fazer no dia da realização do concurso. Divida o tempo total de prova pelo número de questões a serem respondidas. Se a prova tiver 120 questões, as quais deverão ser respondidas em 5 horas, isso significa que o candidato terá, em média, 2 minutos e 30 segundos para realizar cada questão. Parece um detalhe que pode ser desprezado, mas não é. Engana-se quem não se preocupa com o tempo de prova. Você precisa pensar em cada detalhe: quanto tempo poderá gastar para ler e responder as questões; quanto tempo terá para uma pausa rápida para beber água e utilizar o banheiro; quanto tempo poderá utilizar para passar o gabarito no cartão oficial de respostas. Inúmeros são os relatos de candidatos que tiveram a prova retirada pelos fiscais de sala quando ainda preenchiam o cartão de resposta. Por isso, você deve treinar para que o tempo seja seu aliado e não seu inimigo.

Capítulo 5

Edital do concurso

O edital do concurso público é a *lei* do certame. Define as regras que norteiam a realização dessa disputa. Deve ser rigorosamente cumprido não apenas pelo candidato, mas também pela própria Administração Pública e banca examinadora.

Existem alguns elementos que devem necessariamente constar no edital. O Decreto 9.739/19, que regulamenta os concursos no âmbito federal, define os seus **elementos essenciais**:

a) identificação da instituição realizadora do certame e do órgão que o promove;

b) quantitativo de cargos a serem providos;

c) remuneração inicial;

d) descrição das atribuições do cargo;

e) nível de escolaridade exigido (comprovado na posse, e não na inscrição);

f) locais, horários e procedimentos de inscrição;

g) valor da taxa de inscrição e as hipóteses de isenção;

h) disciplinas das provas;

i) prováveis datas de realização das provas;

j) quantidade de etapas do concurso público, com indicação das respectivas fases, seu caráter eliminatório ou eliminatório e classificatório e indicativo sobre a existência e as condições do curso de formação, se for o caso;

k) metodologia para classificação no concurso;

l) processo de elaboração, apresentação, julgamento, decisão e conhecimento do resultado de recursos;

m) prazo de validade do concurso (máximo de 2 anos, contado da homologação do concurso e não da publicação do edital) e possibilidade de sua prorrogação (uma vez, por igual período).

Capítulo 6

Prova objetiva

6.1. INTRODUÇÃO

A primeira fase de um concurso público, a prova objetiva, é a etapa que mais elimina os candidatos, servindo como grande filtro.

Geralmente o edital traz a nota mínima que se deve atingir para avançar de fase, que em muitos casos é de 60% da pontuação. Mas, na maioria dos concursos, atingir a nota mínima não é o bastante, sendo preciso também estar entre o número máximo de candidatos que serão aprovados para a segunda etapa. Ou seja, além de conseguir o mínimo de pontos, é necessário obter boa classificação, sob pena de ser eliminado pela chamada **cláusula de barreira ou nota de corte.**

Na maioria dos concursos há uma quantidade variada de questões para cada matéria na primeira etapa da prova objetiva, o que inevitavelmente influencia na preparação do aluno.

A título de exemplo, segue o quadro com a quantidade de questões, referentes a cada matéria, previsto no edital de delegado de Polícia Civil do Maranhão de 2018.

Disciplina	Número de questões
Português	5
Direito Civil	5
Processo Civil e Direito Agrário	5
Direito Tributário e Direito Empresarial	5
Direito Administrativo	12
Direito Constitucional	12
Medicina Legal	6
Direito Penal	15
Processo Penal	12
Legislação Penal	15
Criminologia	8

Nesse caso, certamente a preparação do candidato deverá ser mais intensa para as matérias de Direito Penal e Legislação penal, que têm 15 questões cada, do que para Processo Civil e Direito Agrário, que juntas possuem 5 questões na prova. Isso influencia também nas revisões feitas na última semana que antecede o concurso.

Lembrando que, mesmo diante deste cenário, o aluno deve se preparar com afinco para todas as disciplinas, pois cada ponto faz diferença no resultado final, e em muitos casos é necessária nota mínima nas matérias ou grupo de disciplinas.

6.2. CRITÉRIOS DE CORREÇÃO

O critério de correção da prova objetiva basicamente consiste na atribuição de 1 ponto para cada resposta correta. Todavia, há editais que estabelecem *pesos* diferentes para determinadas disciplinas, de modo que a resposta certa às questões de tais matérias pode resultar em 2 pontos ou mais conforme a pontuação estabelecida no edital. É possível também que a resposta errada conte ponto negativo, o que comumente acontece quando se utiliza o modelo de enunciado certo ou errado (em vez de múltipla escolha).

Por falar nos diferentes tipos de prova objetiva, na maioria das vezes as questões são de **múltipla escolha**, formada por 4 ou 5 alternativas, sendo apenas uma é considerada correta.

Há concursos, de outro lado, cujas questões são formadas por um enunciado que deve ser assinalado como **certo ou errado**. Nesse sistema, como dito, é possível que o edital considere que a resposta equivocada seja pontuada de forma negativa, daí se falar que *uma errada anula uma certa.*

6.3. COMO ESTUDAR PARA A PROVA OBJETIVA

O estudo para a prova objetiva deve priorizar a análise da **legislação**, pois muitas questões consistem em simples reprodução dos dispositivos legais.

Contudo, é cada vez maior a cobrança de **doutrina e jurisprudência** já na 1ª fase do concurso público, razão pela qual não se pode dispensar o estudo dos livros e julgados do STF e STJ, em especial de suas súmulas.

6.4. COMO RESPONDER A QUESTÕES DE PROVA OBJETIVA

Ao realizar uma prova objetiva, é essencial prestar muita atenção no enunciado da questão, pois em muitos casos o examinador, pede que seja indicada a opção **incorreta** e o aluno acaba se confundindo, acreditando ser necessário marcar a **alternativa correta**. Infelizmente, esse tipo de erro é muito comum.

Desconfie das expressões *nunca, sempre, jamais, única, impossível, somente, exceto, todos,* dentre outras que indicam situações absolutas, que não comportam qualquer ressalva, pois a maioria esmagadora das regras possui exceções.

Fique atento quando houver 2 alternativas com **conteúdo exatamente oposto**, em que uma diz o contrário da outra: é indicativo de que uma delas é a resposta. Do mesmo modo, quando 2 alternativas são muito parecidas, se diferenciando por uma única palavra, é sinal de que o examinador pretende confundir o candidato e uma delas deve ser a correta.

Comece pelas questões **mais fáceis** e pule as mais difíceis, as quais deverão ser respondidas numa segunda análise.

Se a resposta errada não contar ponto negativo, não deixe nenhuma questão em branco. Procure utilizar um critério para excluir as alternativas mais absurdas e, dentre as restantes, escolha uma, ainda que no *chutômetro.* Afinal, você não tem nada a perder. Diferente deve ser sua postura quando a resposta errada contar ponto negativo. Nessa hipótese, responda apenas se tiver um mínimo de segurança, evitando *chutes* no escuro.

Controle o tempo com base na média de minutos que possui para responder cada questão. Separe pelo menos 20 a 30 minutos no final para transcrever sua resolução no cartão de resposta e não deixe de dar uma pausa de uns 10 minutos quando estiver na metade da prova. Esse tempo é fundamental para você descansar um pouco e colocar as ideias em ordem. Levante-se, vá ao banheiro, lave o rosto, tome um pouco de água, alimente-se com uma fruta ou um chocolate, e retome a sua concentração. Essa pausa estratégica faz grande diferença, pode acreditar.

Capítulo 7

Prova subjetiva

7.1. INTRODUÇÃO

Após a aprovação na primeira fase do concurso público, vem a prova subjetiva com questões totalmente diferentes da etapa anterior. Geralmente são compostas de questões dissertativas (discursivas), contendo enunciados que demandam a exposição escrita do conhecimento pelo candidato.

Além disso, no caso do certame para delegado de polícia também é comum a cobrança de peças profissionais (como portaria, representação por prisão preventiva e relatório).

A consulta à lei seca (Vade Mecum) pode ou não ser autorizada, conforme previsão do edital.

Nessa fase a **doutrina e jurisprudência ganham preponderância sobre a lei seca**. As questões têm mais profundidade do que na prova objetiva e o examinador avaliará mais o desenvolvimento do raciocínio jurídico do candidato do que propriamente a memorização do número do dispositivo legal ou sua reprodução *ipsis litteris*. Justamente por isso alguns editais permitem a consulta ao Vade Mecum.

7.2. CRITÉRIOS DE CORREÇÃO

Cada banca examinadora é livre para estabelecer em edital os critérios de correção da dissertação e da peça profissional.

Tomando como base o concurso para delegado de Polícia Federal de 2018, temos os seguintes parâmetros:

a) **domínio do conteúdo** (apresentação e estrutura textuais e o desenvolvimento do tema);

b) **domínio da modalidade escrita**, considerando-se aspectos de natureza gramatical tais como ortografia, morfossintaxe e propriedade vocabular.

Portanto, a prova avalia o conteúdo (conhecimento do tema), a capacidade de expressão na modalidade escrita e o uso das normas do registro formal culto da Língua Portuguesa. O texto deve primar pela coerência e pela coesão.

Pode ser previsto em edital que a resposta deve ser escrita em caneta de tinta preta fabricada em material transparente.

Não é considerado, para efeito de avaliação, qualquer fragmento de texto que for escrito fora do local apropriado ou ultrapassar a extensão máxima de linhas estabelecida.

Infelizmente nem toda banca examinadora divulga após a aplicação da prova o espelho de correção (padrão de resposta), o que facilita sobremaneira o controle sobre a correção da pontuação conferida.

7.3. COMO ESTUDAR PARA A PROVA DISCURSIVA

O estudo para a prova discursiva demanda do aluno a leitura de **doutrina e jurisprudência**, pois as perguntas buscam conhecimentos dos institutos jurídicos e seu entendimento pelos Tribunais. Normalmente, são questões mais densas, que exigem um conhecimento aprofundado do aluno sobre determinado assunto. Será explorada a sua capacidade de argumentação e convencimento, a articulação de ideias, bem como o uso correto do vernáculo.

Estudando pela doutrina o aluno poderá grifar os pontos mais importantes, realizar resumos, utilizar palavras-chave, estrutura de tópicos, conexões com setas ou colchetes, quadros esquemáticos, mapas mentais, elaborar questionário ou lançar mão de recursos mnemônicos.

Merecem especial atenção os julgados que se refiram às atribuições do cargo almejado e às competências da instituição que busca ocupar, além daqueles assuntos que guardam divergência doutrinária ou jurisprudencial.

Com o domínio do conhecimento de base, é interessante, se possível, aprofundar no estudo de tópicos específicos, o que se consegue também por meio da doutrina especializada, como por exemplo o livro Temas Avançados de Polícia Judiciária.

Com essa gama de informações, o aluno poderá realizar uma excelente preparação para uma prova discursiva, sabendo exatamente o que estudar e como estudar.

7.4. COMO RESPONDER A QUESTÕES DE PROVA DISCURSIVA

Ao realizar uma segunda fase de concurso de delegado de polícia o aluno deve se imaginar no exercício do cargo. Em diversas perguntas o examinador expõe um problema e pede uma solução jurídica ao candidato, como se ele fosse a autoridade em exercício. Assim, já se imaginando no cargo e com uso do seu conhecimento jurídico, o candidato poderá responder de forma satisfatória a questão, explorando todo o seu conhecimento e raciocínio jurídico.

Em uma fase discursiva há diversos tipos de questionamentos, mas as questões mais comuns são aquelas que exigem **conceitos jurídicos** ou trazem uma **situação fática** que demande do candidato uma solução jurídica como se ele fosse a autoridade do caso.

A título de exemplo, veja abaixo questão e seu respectivo espelho de correção referente a concurso anterior de delegado de polícia:

PCPE, 2016, CESPE

Otávio, maior e capaz, frequentava determinado bar e, regularmente, jogava sinuca com Carlos, também maior e capaz. Em uma das partidas, eles se desentenderam e Otávio, com a intenção de matar Carlos, aplicou-lhe dois golpes com uma faca, ferindo-o e fazendo-o sangrar. Imediatamente, o dono do bar e outras pessoas presentes no estabelecimento detiveram o autor do delito, acionaram a polícia e chamaram uma ambulância, que conduziu o ferido após os primeiros socorros terem sido prestados. No deslocamento para o hospital, a ambulância colidiu com um caminhão e, em razão exclusivamente da colisão, todas as pessoas que estavam na ambulância faleceram instantaneamente.

Considerando a situação hipotética apresentada, redija um texto dissertativo destacando as teorias da relação de causalidade previstas no Código Penal e a teoria de causalidade aplicável à conduta de Otávio no que se refere ao falecimento de Carlos.

ESPELHO DE CORREÇÃO

Espera-se que o candidato desenvolva sua resposta de acordo com o que se segue.

Para definir a relação de causalidade, o CP adota, como regra geral, a teoria da equivalência dos antecedentes causais, a qual também apresenta outras denominações, como teoria da equivalência das condições, teoria da condição simples, teoria da condição generalizadora e teoria da conditio sine qua non. De acordo com o art. 13, caput, in fine, do CP, "O resultado, de que depende a existência do crime, somente é imputável a quem lhe deu causa. Considera-se causa a ação ou omissão sem a qual o resultado não teria ocorrido". Excepcionalmente, o CP adota, no art. 13, § 1.º, a teoria da causalidade adequada: "A superveniência de causa relativamente independente exclui a imputação quando, por si só, produziu o resultado; os fatos anteriores, entretanto, imputam-se a quem os praticou". A expressão teoria da causalidade adequada, por si só, revela a autonomia da causa superveniente que, embora seja relativa, não se encontra no mesmo curso do desenvolvimento causal da conduta praticada pelo autor.

Com relação à situação hipotética apresentada, o agente apenas responderá pelos resultados da tentativa de homicídio, já que foi rompido o nexo causal em relação ao resultado. Assim, nessa situação, aplica-se a teoria da causalidade adequada, prevista no art. 13, § 1.º, do CP.

Confira mais uma questão de certame para delegado de polícia com o espelho de resposta:

PCSC, ACAFE, 2013

No dia 02/1/2014, Caio e o adolescente F.G.H., de 15 anos, se uniram a Cícero, com a intenção de realizar diversos roubos, e os três se dirigiram ao posto de combustível XYZ, onde, enquanto Caio aguardava no interior do veículo, fazendo as vezes de motorista, F.G.H. e Cícero, cada um munido de uma pistola calibre 380, adentraram na loja de conveniência e, sob a ameaça das armas, exigiram que a funcionária do caixa lhes entregasse todo o dinheiro. Neste instante o proprietário do posto saiu do escritório e entrou em luta corporal com o adolescente F.G.H. Frente a essa reação, Cícero desferiu três tiros em direção ao proprietário, tendo, por erro de execução, atingido o adolescente F.G.H., de raspão, na perna. Ato contínuo, Cícero pegou o dinheiro que estava no balcão e, com o adolescente, entrou no carro em que Caio os aguardava, todos empreendendo fuga, sendo, todavia, identificados no curso das investigações policiais. Nos autos de inquérito policial restou comprovado que fora apenas Caio quem convidara o menor para a prática do crime e que foi subtraída do caixa a quantia de R$200,00. Considerando a situação apresentada, indique e justifique em quais sanções penais estariam incursos Caio e Cícero.

OBJETIVIDADE DA ARGUMENTAÇÃO

1) – Justificar o latrocínio tentado. Embora a subtração tenha se consumado com a apropriação do dinheiro, a intenção de matar não se consumou, por isto tentado. A intenção de matar se configura pelo disparo de três tiros (*animus necandi*).

2) – Argumentar que Caio é coautor do crime de latrocínio tentado, pois embora tenha aguardado no carro, era ciente do que ocorreria e assentiu com a conduta.

3) – Justificar o crime de Associação Criminosa, caracterizado na intenção de realizar diversos roubos com o agravante pela participação de adolescente.

FUNDAMENTAÇÃO JURÍDICA

1) – Infração ao artigo 157, § 3º, do Código Penal.

2) – c/c o art. 14, inciso II, do Código Penal.

3) – art. 288, parágrafo único, do Código Penal, com a redação que lhe deu a Lei 12.850/2013.

4) – art. 69 do CP (em concurso material).
5) – art. 29 do CP (coautoria).

Para elaborar uma boa resposta em uma questão discursiva, não basta ter conhecimento jurídico. O candidato precisa saber expor corretamente o seu raciocínio, apresentando argumentos **claros, organizados e legíveis**, pois o examinador terá centenas ou milhares de provas para corrigir em muito pouco tempo.

Evite frases **longas** demais, palavras excessivamente **rebuscadas**, bem como **gerundismos.**

Outro fator relevante é a **caligrafia** do candidato. Tenha certeza de que se o examinador encontrar dificuldades para entender a sua letra, não corrigirá a questão com a melhor disposição. Não espere paciência e compreensão por parte do examinador, pois ele não terá tempo para isso.

Sempre que a resposta permitir, lembre-se de citar **lei, doutrina e jurisprudência, o que** chamamos de 3 irmãs. Assim, você conseguirá mostrar ao examinador que tem ótimo domínio do assunto. Vamos fazer um teste. Como você responderia a seguinte questão numa prova dissertativa:

> O delegado de polícia possui legitimidade para celebrar acordo de colaboração premiada?

A primeira coisa que o candidato deve pensar é nas **3 irmas**, ou seja: esta resposta está na **lei**? Existe alguma discussão **doutrinária** sobre o assunto? Os **Tribunais Superiores** possuem alguma posição a respeito? Vejamos a resposta ideal.

> O tema apresenta enorme celeuma doutrinária, embora haja previsão expressa na Lei de Organizações Criminosas conferindo ao delegado de polícia a legitimidade para celebrar acordo de colaboração premiada.
>
> Uma primeira corrente defende que o delegado de polícia pode celebrar acordos de colaboração premiada. Aliás, essa foi a vontade manifestada

pelo legislador ao elaborar a Lei de Organizações Criminosas, afinal de contas, a colaboração premiada é mais um meio extraordinário de obtenção de prova que é colocado à disposição daquele que está à frente das investigações.

Um segundo posicionamento, que apresenta uma visão diametralmente sustenta que somente o "parquet" teria essa legitimidade, pois é o titular da ação penal e, assim agindo, estaria o delegado de polícia usurpando a função ministerial. Por essa razão, a Procuradoria Geral da República questionou no Supremo Tribunal Federal a constitucionalidade do dispositivo previsto na Lei de Organizações Criminosas que reconhece a possibilidade de o delegado de polícia celebrar acordos.

Por fim, há uma corrente doutrinária intermediária lecionando que o delegado de polícia pode celebrar acordos de colaboração, porém, haveria a necessidade de uma manifestação do membro do Ministério Público, a qual teria caráter vinculante.

O Supremo Tribunal Federal, ao julgar a ação direta de inconstitucionalidade proposta pela Procuradoria Geral da República, em decisão plenária, decidiu que o Delegado de Polícia pode celebrar acordos de colaboração premiada e que a manifestação do Ministério Público não possui caráter vinculante. Como se vê, nossa Corte máxima acolheu a primeira corrente. Note que a resposta cita a lei, a divergência doutrinária e finaliza demonstrando a posição acolhida pelo STF. Perceba, também, que essa resposta não contém o dispositivo legal, nem o número do julgado ou da ADI, porque, em geral, as provas são realizadas sem qualquer consulta.

Pode ocorrer, ainda, que o examinador exija um posicionamento explícito do candidato sobre o tema. Nessa hipótese, não deverá estruturar a resposta como numa dissertação comum com introdução, desenvolvimento e conclusão. Nesse tipo de questão o ideal é que no primeiro parágrafo o candidato **já se posicione** quanto ao que foi questionado. A partir do segundo parágrafo, o candidato deve fundamentar, expondo os motivos pelos quais chegou àquela conclusão. Dessa forma demonstra ao examinador segurança no seu conhecimento jurídico, o que certamente vai gerar boa impressão. De outro lado, já iniciar a resposta de forma prolixa gera o efeito contrário.

Caso o examinador apresente um tema com divergência doutrinária ou jurisprudencial, e peça para o candidato se posicionar, depois de expor as correntes de pensamento, defenda com altivez aquela que melhor preserve a competência da instituição e a importância do cargo que você quer ocupar. Numa discussão sobre a capacidade postulatória do delegado de polícia, por exemplo, claro que essa possibilidade deve ser defendida.

Não aconselhamos que o aluno faça rascunho, pois em muitos casos não haverá tempo suficiente para passar tudo a limpo. O mais interessante seria utilizar o espaço do rascunho para anotar somente as **principais ideias** que vierem à mente no *brainstorm* inicial, estruturando a resposta a partir de tópicos, para posterior elaboração do texto. Controle o tempo, com base na média de minutos que possui para responder cada questão.

Em uma questão com enunciado muito grande, é recomendado que o aluno grife os pontos mais importantes como nomes, datas, fatos criminosos, entre outros. Esta técnica facilita a revisão da questão e otimiza o tempo do candidato.

Caso se recorde de número de leis, dispositivos legais, súmulas e entendimentos jurisprudenciais, acrescente tais informações somente se estiver muito seguro. Quanto aos dispositivos legais, se não se lembrar do número do artigo, mas souber em qual lei se encontra, escreva o número da lei, pois já mostra ao examinador relevante conhecimento. Em relação aos entendimentos dos Tribunais Superiores, se não se recordar do número dos julgados (o que é comum), mas souber que se trata de posição do STF ou STJ, insira essa informação.

Ainda que não saiba com precisão a resposta, **jamais deixe a questão em branco**. Sempre é possível tangenciar o assunto, ainda que de forma genérica. Assim fazendo, permitirá que o examinador ao menos atribua alguns pontos pela sua capacidade de articulação de ideias e correto uso da língua portuguesa.

Pequenos detalhes podem significar os pontos ou décimos de pontos que farão a diferença na sua aprovação.

7.5. PEÇAS PRÁTICAS

Atualmente os concursos de delegado de polícia vêm exigindo em sua prova discursiva a elaboração de peça prática da atividade profissional. Em razão dessa exigência, é imprescindível que o aluno estude cada peça processual e suas peculiaridades, além de treinar sua confecção para que aprenda sua estrutura e formalidades, visando adquirir cada vez mais clareza e objetividade na exposição das ideias.

As peças mais cobradas são a representação de prisão preventiva, temporária, busca e apreensão, sequestro de bens e interceptação telefônica. Porém, não podemos deixar de estudar as demais, como portaria e relatório, porque podem ser perfeitamente alvo de certames policiais.

Geralmente as questões de uma peça prática são grandes e com diversos detalhes. Nesse caso, é imprescindível que o candidato grife os tópicos mais importantes da questão, e elabore um rascunho em forma de **tópicos**, conforme já orientamos, pois isso irá auxiliar o candidato na elaboração da referida peça prática.

Vejamos gabarito de peça prática exigida em concurso para delegado de polícia:

PCMS, FAMEPS, 2017

IDENTIFICAÇÃO E ESTRUTURA DA PEÇA

Representação para operação de infiltração por agente policial em atividade/tarefa de investigação.

ENDEREÇAMENTO

Exmo Sr. Dr. Juiz de Direito da 2ª Vara Criminal de determinada capital brasileira.

PREÂMBULO DA PEÇA

Sigiloso

Autos do Inquérito Policial n.

O Delegado de Polícia Civil que, ao final subscreve, no exercício dos poderes conferidos pelo art. 144, § 4º da Constituição Federal, pelo art. 2°, § 1° da Lei n. 12.830/2013, diante dos fatos investigados no Inquérito Policial em epígrafe, com fundamento no inciso VII, do art. 3º, da Lei 12.850/2013 e no inciso I do art. 53 da Lei n. 11.343/2006, vem à presença de Vossa Excelência representar pela infiltração de agente de Polícia Civil pelo prazo de até 6 (seis) meses, na organização criminosa conhecida como Comando Zona Norte pelos motivos de fato e de direito a seguir expostos:

SÍNTESE DOS FATOS

Não deveria criar dado não fornecido na situação problema e não deverá omitir dado relevante exposto.

- Pedido da infiltração, demonstrando a imprescindibilidade da medida e o prazo necessário.
- Pedido da oitiva do MP
- Sigilo da medida

FUNDAMENTAÇÃO LEGAL E JURÍDICA

Demonstração da necessidade da medida

- Indícios de prática de infração penal cuja pena máxima é superior a quatro anos praticada por organização criminosa;
- Inexistência de outros meios disponíveis visando a constituição de respectivas provas;
- Ter restado demonstrado por meio de interceptação telefônica que as tarefas são definidas verbalmente entre os suspeitos no interior do estabelecimento prisional, bem como que os internos vêm cooptando outros membros, inclusive não aprisionados para integrar a respectiva facção.

BASE LEGAL

- Art. 1°, § 1° – Lei 12.850/13
- Arts. 10, § 2º e 11 – Lei 12.850/13
- Art. 53, I – Lei 11.343/06

ALCANCE DA TAREFA DOS AGENTES

- Infiltração de agente policial, como se condenado fosse, em Penitenciária Estadual de Segurança Máxima na mesma ala/cela onde

Wesley Ferreira, Daniel Inocêncio, Lindomar Praxedes e Ribamar das Neves cumprem pena.

- Com a finalidade de obtenção de novas provas sobre o crime e a estrutura utilizada no tráfico de drogas, bem como descobertas das identidades das pessoas por eles cooptadas e que vem integrando a organização criminosa em comento.

NOMES DOS INVESTIGADOS

- Wesley Ferreira, Daniel Inocêncio, Lindomar Praxedes e Ribamar das Neves

LOCAL DA INFILTRAÇÃO

- Penitenciária Estadual de Segurança Máxima

AUTORIDADE, LOCAL E DATA

Delegado de Polícia (não mencionar seu nome, pois vedada a identificação), local e data

O aluno pode perceber que deverá estudar a fundo as **formalidades** de uma peça prática de delegado de polícia, entre eles, o endereçamento, o número do inquérito (se a questão informar), o tipo de cautelar a ser pedida, o preâmbulo, os fatos, os fundamentos jurídicos e o pedido final.

O candidato **não pode omitir dado** relevante informado no enunciado. E não pode de maneira alguma **criar informação**, como nome, número, data, entre outros, sob pena de ter a prova identificada, o que fará com que o examinador a anule. Tampouco pode assinar ao final, devendo apenas escrever *Delegado de Polícia*.

Capítulo 8

Prova oral

8.1. INTRODUÇÃO

A prova oral é uma fase muito temida pelos candidatos, pois é o momento de enfrentar, face a face, o examinador. Como a maioria não possui treinamento suficiente de oratória, o fato de ter que se comunicar com rapidez e improviso acaba gerando uma **tensão** incomum nos candidatos.

É absolutamente normal grande nervosismo ao se deparar com essa etapa, pois diversos alunos não gostam de falar em público. No entanto, a prova oral não tem nenhum segredo.

O aluno deve ter em mente que, se chegou até a derradeira etapa teórica do certame, está mais do que comprovado que **possui vasto conhecimento jurídico**, pois superou as demais fases teóricas do concurso, que são as que mais eliminam os candidatos. Não deve ter receio exacerbado, até porque na prova oral costuma haver poucas reprovações.

Ao se deparar pela primeira vez com essa prova, sugerimos ao aluno a realização de **treinamento específico**. Afinal, não se trata *apenas* de responder juridicamente às indagações. Exige-se do candidato outras qualidades que vão além do conhecimento jurídico, daí a importância de um treino sério a ser realizado por equipe especializada.

É comum a previsão editalícia de que, no dia de realização da prova oral, em cada turno, os candidatos permanecerão isolados em uma sala de espera. Durante esse período, fica vedada a consulta material de consulta e a realizar qualquer tipo de anotação.

8.2. CRITÉRIOS DE CORREÇÃO

Cada banca examinadora é livre para estabelecer em edital os critérios de correção da prova oral.

Tomando como base o concurso para delegado de Polícia Federal de 2018, temos os seguintes parâmetros:

a) **domínio do conhecimento jurídico**;

b) **articulação do raciocínio**;

c) **capacidade de argumentação**;

d) **uso correto do vernáculo**.

Em que pese nem sempre constar expressamente, a **confiança e postura** demonstradas pelo candidato certamente são consideradas pelo examinador. Até para ser um complemento da avaliação psicológica a fim de detectar a compatibilidade ou não do aluno com o perfil exigido pelo cargo.

Geralmente, na prova oral há um **sorteio** de pontos, que são os tópicos do conteúdo programático do edital. Por isso é importantíssimo que o aluno saiba dissertar sobre cada um desses temas, o que demanda muito treino.

8.3. COMO ESTUDAR PARA A PROVA ORAL

Geralmente, as perguntas são formuladas oralmente pelo próprio examinador. Nesses casos, as questões costumam girar em torno de conceitos, natureza jurídica e diferenças entre os institutos.

Porém, essas perguntas podem vir cumuladas com questões polêmicas, oriundas da doutrina e da jurisprudência.

Para treinar de forma eficaz para essa etapa, sugerimos que o aluno analise o conteúdo programático do edital e passe ponto por ponto tentando discorrer oralmente sobre aqueles assuntos.

Por exemplo, imagine o seguinte conteúdo inicial de Direito Penal: *Conceito e fim do Direito Penal. Princípios e fontes do Direito Penal. Fontes do Direito Penal.* Nesse caso, o candidato deverá ficar em frente ao espelho ou a uma pessoa (que simula ser o examinador) e discorrer sobre esses temas.

Como exemplo, veja o assunto sorteado no concurso para delegado de Polícia Federal de 2018, a pergunta relacionada e a respectiva resposta:

> *PF, CESPE, 2018*
>
> Lei n.º 9.296/1996 (Interceptação telefônica). 25 Jurisprudência e Súmulas dos Tribunais Superiores.
>
> PERGUNTA:
> Discorra sobre o posicionamento do Superior Tribunal de Justiça a respeito do acesso e da obtenção, pela polícia, de informações constantes de aplicativos e serviços de comunicação em tempo real — como Whatsapp e SMS — instalados em telefone celular regularmente apreendido de suposto autor de fato delituoso, no momento de sua prisão em flagrante.
>
> RESPOSTA:
> Atualmente, os avanços tecnológicos possibilitam que os telefones celulares, em sua maioria, estejam conectados à Internet e, portanto, dotados de funcionalidades de envio e recebimento de mensagens, fotos, vídeos e documentos em tempo real, permanecendo tais dados registrados no aparelho celular. Logo, não se pode negar que se trata de verdadeira espécie de comunicação, escrita e oral, entre pessoas. O posicionamento atual do STJ é no sentido de que, por ocasião da autuação de crime em flagrante, ainda que seja dispensável ordem judicial para a apreensão de telefone celular, as mensagens armazenadas no aparelho estão protegidas pelo sigilo telefônico, nos termos

> do art. 5.º, XII, da Constituição Federal de 1988 e, por consequência, se submetem ao regramento da Lei n.º 9.296/1996. O entendimento do Egrégio Tribunal é de que o celular deixou de ser apenas um instrumento de conversação a longa distância, permitindo o acesso de múltiplas funções, a exemplo da verificação de correspondência eletrônica, de mensagens e a troca de dados de forma similar à telefonia convencional. Nesse contexto, é ilícito o acesso ao conteúdo do aparelho regularmente apreendido pela polícia, sem prévia autorização judicial ou de seu próprio usuário. Em observância ao direito à intimidade, incumbe à autoridade policial, em casos tais, apreender o telefone e, logo após, representar judicialmente pela quebra do sigilo dos dados nele armazenados.
>
> Por outro lado, entende ainda o STJ que, uma vez determinada judicialmente a busca e apreensão do aparelho, é lícito o acesso aos dados armazenados no telefone apreendido, notadamente quando a decisão judicial aludir expressamente ao acesso.

Em uma prova oral, é fundamental que o candidato tenha na ponta da língua os **conceitos e a natureza jurídica** dos institutos que constam no conteúdo programático do edital. Ainda que isso não lhe seja questionado de forma direta, apontar ao examinador a definição do instituto, a sua natureza jurídica, acrescendo um ou outro exemplo, certamente o impressionará e trará qualidade nas suas respostas.

Não se preocupe em decorar conceitos, exemplos etc. O grande segredo consiste em entender o assunto e conseguir raciocinar sobre ele, com **suas próprias palavras**. O examinador não vai considerar como correta somente a resposta falada com os exatos termos citados pela doutrina ou jurisprudência.

Também aconselhamos que o aluno realize **treinos em grupo**, de até 6 pessoas aproximadamente, com arguições recíprocas para testar os conhecimentos e compartilhar informações. Assim, todos aprendem com seus erros e acertos. Esse treino conjunto também é muito bom, de um lado, para que o aluno perca a sua inibição de falar em público e, de outro, por permitir um excelente treino da sua oratória.

8.4. COMO RESPONDER A QUESTÕES DE PROVA ORAL

Sabemos que o examinador não vai avaliar apenas o conhecimento do candidato, mas também a sua postura gestual, clareza na fala, além do correto emprego do vernáculo.

Em primeiro lugar, o aluno deve aprender como se sentar na cadeira, pois essa será a primeira impressão que passará ao examinador. Portanto, ao entrar na sala, **sente-se de forma ereta**, cumprimente todos os integrantes da banca e espere o início da prova. Se houver uma mesa em frente à cadeira, o candidato não deve se debruçar sobre ela. **Apoie a metade do antebraço** com as mãos próximas, mantendo sempre a coluna ereta.

Quando o examinador lhe fizer uma pergunta, responda sempre **olhando em seus olhos**. Responder olhando para baixo ou para os lados é uma péssima conduta que demonstra insegurança e despreparo. Ainda, quando houver mais de um examinador à sua frente, sempre responda distribuindo seu olhar para todos, assim eles se sentirão prestigiados.

Acerca do conhecimento do candidato sobre a pergunta, basicamente 3 situações podem ocorrer:

a) sabe a resposta (tem conhecimento específico sobre o assunto);

b) tem conhecimento genérico sobre o tema;

c) não sabe a resposta.

Quando o candidato **souber a resposta** de uma determinada pergunta, deverá explorá-la ao máximo. Assim, se lhe for perguntado sobre algum instituto jurídico que seja do seu conhecimento, traga a natureza jurídica, exemplos, exceções. Não seja rápido demais, até para não abrir oportunidade para o examinador mudar a pergunta e trazer assunto desconhecido. Lembre-se da nossa sugestão: veja se a resposta comporta as chamadas 3 irmãs (lei + doutrina + jurisprudência).

Se o avaliado tiver **conhecimento apenas genérico** sobre aquela temática (domina o gênero, não a espécie), deve falar a respeito do que sabe, sem se alongar demais, tendo em vista que seu saber é superficial.

Já na hipótese de o candidato se deparar com uma questão da qual **não sabe responder**, sugerimos que tenha a humildade em dizer: *não me recordo no momento, Excelência.* Isso é muito comum. Nada impede de, antes de admitir que ignora o assunto, pedir gentilmente se a banca pode auxiliar com alguma informação adicional, como por exemplo um sinônimo ou, ao menos, situar o tema dentro da disciplina.

Imagine que o examinador de Direito Processual Penal formule a seguinte pergunta a você: candidato, discorra sobre a Síndrome de Dom Casmurro e dê exemplo.

Caso a questão formulada não seja do seu domínio, solicite ao examinador que o auxilie, apresentando alguma expressão sinônima ou indicando a qual tema essa síndrome está se referindo. Se a banca entender pertinente, dirá a você que a questão gira em torno do sistema acusatório. Nesse caso, você já reúne plenas condições de discorrer sobre o tema. Se persistir a dúvida, deverá agradecer ao auxílio e informar que, infelizmente, não se recorda do assunto, embora o tenha estudado.

De qualquer forma, evite dizer *não sei*. Essa resposta transmite a sensação de menosprezo para com o tema escolhido pelo examinador. Por isso, prefira a tradicional frase *não me recordo, Excelência*.

Caso o examinador formule uma questão com divergência doutrinária ou jurisprudencial, o candidato deverá apresentar os fundamentos de todas as correntes e indicar a majoritária. Somente deverá informar sua opinião pessoal, caso a banca solicite. Nesse caso, defenda com altivez aquela que melhor preserva a competência da instituição e a importância do cargo que você almeja ocupar.

Numa discussão sobre a imparcialidade do delegado, por exemplo, claro que essa possibilidade deve ser defendida.

O **gestual** deve ser básico, apenas para acompanhar a sua fala. Cuidado para não se empolgar e ficar parecendo um manobrista de avião. O candidato também não deve se travar ao ponto de agir como um robô. Busque o meio termo. Seja discreto e sempre haja com postura e educação.

A **articulação das palavras** também é essencial para uma boa prova oral. A fala deve ser cadenciada, pronunciando bem as palavras, sem lentidão excessiva. O **volume da voz** deve ser médio, sem exagero. Evite vícios de linguagem (ééé, ããã, né, uai, bah, visse etc.).

Para realizar uma excelente prova oral e passar uma boa impressão aos examinadores, o pensamento que o candidato deve ter em mente é **altivez sem arrogância, e humildade sem submissão**.

Seja educado, utilizando o **pronome de tratamento** Vossa Excelência ou Excelência para se dirigir ao examinador. De forma **comedida**, para não ficar repetitivo e parecer subserviente.

Se o examinador fizer uma piada, não há problemas em sorrir de volta, desde que não se transforme em uma gargalhada. Seja simpático, sem se iludir achando que o examinador é seu amigo.

Alguns examinadores, após uma resposta certa do candidato, perguntam se tem certeza a fim de avaliar o grau de confiança do candidato em si mesmo. Em regra, a resposta deve ser mantida, a não ser que você tenha rapidamente detectado um equívoco.

Não raras vezes o examinador realiza crítica ao candidato, com o propósito de analisar sua reação e equilíbrio emocional. Continue as respostas sem sucumbir à pressão.

Saiba que no fundo o examinador olha para o candidato e quer detectar ali uma pessoa com plenas condições de se tornar uma autoridade e que tem a coragem necessária para exercer o cargo.

Mostre a ele que você será um excelente profissional e defenderá a sua instituição em qualquer situação.

A **roupa** a ser usada deve ser traje social (terno para homens e vestido ou calça e blusa para mulheres), com cores sóbrias e não chamativas.

Capítulo 9

Prova de Títulos

A avaliação de títulos consiste em análise curricular para atribuir pontuação aos candidatos com melhor **formação acadêmica e profissional**. Trata-se de etapa **classificatória** (que pode melhorar sua posição), e não eliminatória. Se o candidato não tem nada a apresentar, não será desclassificado do concurso, apenas deixa de pontuar.

É comum a atribuição de pontos em razão de formações complementares como especialização (alguns editais pontuam adicionalmente quem possui mais de uma especialização), mestrado e doutorado. Caso ainda não seja um especialista ou tenha somente uma especialização, sugerimos que corra atrás, preferencialmente uma com tema pertinente ao seu concurso, como é o caso da pós-graduação em Segurança Pública.

Também podem ser consideradas para essa pontuação publicações de artigos científicos e livros, aprovações em concursos públicos, e tempo de serviço público.

O edital do concurso lista os títulos que fazem parte da avaliação e informa os pontos atribuídos a cada um deles. Geralmente o edital fornece o modelo de currículo a ser preenchido e entregue junto com a documentação necessária.

Não é salutar esperar a convocação de apresentação dos comprovantes da prova de títulos para somente então providenciar a documentação, pois o prazo para a entrega dos documentos pode ser de somente alguns dias, e muitos certificados, diplomas e declarações demoram para ser expedidos. Destarte, recomendamos que o candidato já solicite os papéis assim que for aprovado na fase objetiva, de modo a não ser surpreendido depois.

O candidato também deve prestar atenção quanto à forma de envio, porque em alguns casos exige-se sedex ou carta registrada com aviso de recebimento. Em muitas ocasiões, devem ser enviadas fotocópias autenticadas em cartório.

A título de exemplo, confira os títulos e pontuações de concurso para delegado de polícia:

PF, CESPE, 2018

Título	Valor de cada título	Valor máximo dos títulos
Diploma, devidamente registrado, de conclusão de curso de doutorado em Direito, no caso do cargo de Delegado de Polícia Federal, ou na área da Perícia a que concorre, no caso dos cargos de Perito Criminal Federal. Também será aceito certificado/declaração de conclusão de curso de doutorado em Direito, desde que acompanhado de histórico escolar.	2,00	2,00
Diploma, devidamente registrado, de conclusão de curso de mestrado em Direito, no caso do cargo de Delegado de Polícia Federal, ou na área da Perícia a que concorre, no caso dos cargos de Perito Criminal Federal. Também será aceito certificado/declaração de conclusão de curso de mestrado em Direito, desde que acompanhado de histórico escolar.	1,00	1,00

Título	Valor de cada título	Valor máximo dos títulos
Certificado de conclusão de curso de pós-graduação em nível de especialização lato sensu em Direito, no caso do cargo de Delegado de Polícia Federal, ou na área da Perícia a que concorre, no caso dos cargos de Perito Criminal Federal, com carga horária mínima de 360 (trezentas e sessenta) horas, reconhecido pelo Ministério da Educação. Também será aceita a declaração de conclusão de pós-graduação em nível de especialização em Direito, desde que acompanhada de histórico escolar.	0,50	0,50
Exercício no cargo de Delegado de Polícia, para os candidatos ao cargo de Delegado de Polícia, ou exercício no cargo de Perito Criminal, para os candidatos ao cargo de Perito Criminal Federal (todas as áreas).	0,40 por ano completo sem sobreposição de tempo	2,00
Exercício em cargo público de natureza policial, exceto o da alínea D, nas instituições: Polícia Federal, Polícia Rodoviária Federal, Polícia Ferroviária Federal, polícias civis e(ou) polícias militares.	0,30 por ano com pleto, sem sobreposição de tempo	1,50
Total máximo de pontos		7,00

Hoje em dia, com o acirramento da disputa nos certames públicos, qualquer ponto ou décimo de ponto pode ser importante para a classificação final. Uma pequena diferença na pontuação é o que separa os ocupantes das últimas vagas daqueles que não entrarão por pouco.

Além disso, ainda que o candidato fique bem classificado e não corra o risco de ficar de fora das vagas, o acréscimo de pontos de títulos pode subir sua posição na tabela e permitir uma melhor escolha da lotação quando for nomeado.

Capítulo 10

Teste de Aptidão Física

A atividade física, além de importante para ser aprovado no teste físico do concurso público desejado, é essencial para a vida do aluno, seja para a sua saúde, seja para lhe dar preparo para suportar a jornada de estudos, que não é fácil. É verdadeira a máxima de que *mens sana in corpore sano.* Então, desde já, aconselhamos aos alunos que nunca deixem de fazer exercícios físicos. Você não precisa praticar esporte competitivo nem se tornar atleta profissional, mas deve praticar atividade física com regularidade e de forma adequada.

Alguns concursos são muito exigentes no tocante ao teste físico, mas outros nem tanto. Mesmo assim, se o aluno não se preparar para esta etapa, pode ser eliminado. Trata-se de etapa **eliminatória**, e não classificatória (que não melhora sua posição).

Convenhamos que ser reprovado em um teste físico, após todas as aprovações nas provas teóricas, é muito decepcionante. Não permita que isso aconteça com você.

Não peque pelo excesso, pois há quem dê prioridade total para a parte física já pensando no TAF sem sequer ter atingido condições de ser aprovado na prova objetiva, esquecendo que para passar pela difícil peneira das provas teóricas é preciso muito estudo.

O teste de aptidão física é importante para as carreiras policiais em geral, porquanto os policiais devem ter vigor físico para perseguir criminosos, realizar diligências exaustivas como campana, e ter força para vencer a resistência de infratores.

No caso específico da carreira de delegado, a autoridade policial é uma tomadora de decisões e não precisa realizar por si mesma as tarefas operacionais, para isso existindo o cargo de investigador (agente). Portanto, o que realmente importa deve ser a parte intelectual, não a física. Todavia, enquanto os concursos continuarem exigindo o TAF, cabe ao aluno treinar para ser aprovado.

O cuidado com a **alimentação** deve necessariamente acompanhar a preparação física do aluno, pois o seu peso irá influenciar na disposição física. Portanto, alimente-se de forma balanceada para buscar um condicionamento físico adequado que lhe permita ser aprovado nesta etapa.

Se você não for praticante de esportes e não tiver pleno domínio sobre seu corpo, aconselhamos que procure um profissional da área para realizar um treino específico levando em consideração os tipos de provas que irá encarar.

É interessante fazer **simulações da prova**, considerando não só a forma de execução dos diferentes testes físicos, como também os índices exigidos e o horário.

Para uma orientação pormenorizada sobre as técnicas de treinamento e execução acerca e todos os exames físicos, recomendamos o livro TAF – Teste de Aptidão Física para Carreiras Policiais.

São testes físicos comumente aplicados em concursos policiais:

a) **barra** (flexão de braço ou sustentação);

b) **flexão abdominal**;

c) **impulsão horizontal**;

d) **salto em altura**;

e) **salto em distância**;

f) **corrida de 12 minutos**;

g) **natação de 50 metros**.

Confira os testes do concurso exigidos em concurso para carreiras policiais:

PF, CESPE, 2018

O exame de aptidão física constará de quatro testes especificados a seguir:

I – teste em barra fixa;

II – teste de impulsão horizontal;

III – teste de natação (50 metros); e

IV – teste de corrida de 12 minutos.

A pontuação do teste em barra fixa será atribuída conforme a tabela a seguir:

Sexo masculino:

Número de flexões	Pontos
Abaixo de 3	0,00 – eliminado
3	2,00
4	2,33
5	2,67
6	3,00
7	3,33
8	3,67
9	4,00
10	4,33
11	4,67
12	5,00
13	5,33
14	5,67
15	6,00

Sexo feminino:

Tempo de permanência em sustentação	Pontos
Abaixo de 15 segundos	0,00 eliminado
Igual ou superior a 15 segundos e abaixo de 20 segundos	2,00
Igual ou superior a 20 segundos e abaixo de 25 segundos	3,00
Igual ou superior a 25 segundos e abaixo de 30 segundos	4,00
Igual ou superior a 30 segundos e abaixo de 35 segundos	5,00
Igual ou superior a 35 segundos	6,00

A pontuação do teste de impulsão horizontal, para os candidatos dos sexos masculino e feminino, será atribuída conforme a tabela a seguir:

Distância		Pontos
Masculino	Feminino	
Abaixo de 2,07	Abaixo de 1,59	0,00 – eliminado
De 2,07 a menos de 2,15	De 1,59 a menos de 1,67	2,00
De 2,15 a menos de 2,23	De 1,67 a menos de 1,75	3,00
De 2,23 a menos de 2,31	De 1,75 a menos de 1,83	4,00
De 2,31 a 2,38	De 1,83 a 1,90	5,00
Acima de 2,28	Acima de 1,90	6,00

A pontuação do teste de natação, para os candidatos dos sexos masculino e feminino, será atribuída conforme a tabela a seguir.

Tempo (segundos)		Pontos
Masculino	**Feminino**	
Acima de 44	Acima de 54	0,00 – eliminado
De 40 a 44	De 49 a 54	2,00
De 37 a menos de 40	De 45 a menos de 49	3,00
De 34 a menos de 37	De 41 a menos de 45	4,00
De 31 a menos de 34	De 37 a menos de 41	5,00
Abaixo de 31	Abaixo de 37	6,00

A pontuação do teste de corrida de 12 minutos, para os candidatos dos sexos masculino e feminino, será atribuída conforme a tabela a seguir.

Distância		Pontos
Masculino	**Feminino**	
Abaixo de 2.350	Abaixo de 2.020	0,00 – Eliminado
De 2.350 a 2.440	De 2.020 a 2.100	2,00
Acima de 2.440 a 2.530	Acima de 2.100 a 2.180	3,00
Acima de 2.530 a 2.620	Acima de 2.180 a 2.260	4,00
Acima de 2.620 a 2.710	Acima de 2.260 a 2.340	5,00
Acima de 2.710	Acima de 2.340	6,00

Se o aluno estiver treinando com antecedência e regularidade, não tem com o que se preocupar, pois, conforme se observa, o teste físico não é algo extremamente exigente. Qualquer um que se prepare corretamente será capaz de ser aprovado.

Mencione-se ainda que, segundo a jurisprudência, a exigência de teste de aptidão física é legítima quando prevista em lei, guardar relação de pertinência com as atividades a serem desenvolvidas, estiver pautada em critérios objetivos e for passível de recurso.

Capítulo 11

Exame Médico

O exame médico objetiva aferir se o candidato goza de boa saúde física para suportar os exercícios a que será submetido durante o Curso de Formação Profissional e para desempenhar as tarefas típicas inerentes ao cargo.

A avaliação médica compreende a consulta médica (anamnese e exame físico) realizada por junta médica, e a apresentação de exames que devem ser previamente providenciados às expensas do candidato.

O exame médico tem caráter unicamente **eliminatório** (podendo excluir candidatos inaptos), e não classificatório (não alterando a classificação no concurso).

É considerado inapto não apenas o candidato que tiver a consulta e os exames avaliados negativamente, mas também aquele que não comparecer à avaliação médica ou deixar de entregar algum exame exigido.

Confira os exames a serem providenciados em concurso para carreiras policiais:

> *PF, CESPE, 2018*
>
> Deverão ser apresentados pelos candidatos os seguintes exames médicos (todos com laudos conclusivos) e avaliações médicas especializadas (com laudos descritivos e conclusivos):
>
> I – sangue: hemograma completo (com contagem de plaquetas), glicemia de jejum, ureia, creatinina, ácido úrico, colesterol (total e frações

– LDL, HDL e VLDL), triglicerídeos, gama-GT, fosfatase alcalina, transaminases (TGO/TGP), bilirrubinas (total e frações), sorologia para doença de Chagas, VDRL (ou sorologia para sífilis), perfil sorológico completo para hepatite B (incluindo obrigatoriamente: HBsAg, HBeAg, Anti HBc (IgM e IgG), Anti HBe, Anti HBs), sorologia para Hepatite C (Anti HVC) e tipagem sanguínea (grupo ABO e fator Rh);

II – urina: Elementos Anormais e Sedimento (EAS);

III – fezes: Exame Parasitológico de Fezes (EPF);

IV – antidrogas: exame com janela de detecção mínima de 90 dias realizado por meio de amostra de queratina para detecção de:

a) maconha;

b) metabólicos do delta-9 THC;

c) cocaína;

d) anfetaminas (inclusive metabólitos e seus derivados);

e) opiáceos.

Capítulo 12

Exame Psicológico (Psicotécnico)

Diga-se, de início, que segundo a jurisprudência a exigência de exame psicotécnico é legítima quando prevista em lei e no edital, a avaliação estiver pautada em critérios objetivos e o resultado for público e passível de recurso.

O exame psicológico tem caráter unicamente **eliminatório** (podendo excluir candidatos inaptos), e não classificatório (não alterando a classificação no concurso).

Muitos candidatos pensam que o teste de aptidão psicológica serve somente para confirmar se a pessoa possui algum comprometimento de ordem psicológica ou mental, mas isso não está correto. Este teste é aplicado para analisar se o candidato tem o **perfil psicológico adequado** para o exercício do cargo.

Conforme orientações de concurso para carreiras policiais:

> *PF, CESPE, 2018*
>
> Considera-se avaliação psicológica o processo sistemático, realizado mediante o emprego de um conjunto de procedimentos científicos destinados a aferir a compatibilidade das características psicológicas do candidato, com deficiência ou não, com as atribuições do cargo.
>
> O resultado obtido na avaliação psicológica poderá ser conhecido apenas pelo candidato ou por ele acompanhado de um psicólogo, que não tenha feito parte da banca examinadora, constituído às suas expensas, que irá assessorá-lo, no local e perante o psicólogo designado pelo Cebraspe.

> Durante a Sessão de Conhecimento das Razões de Inaptidão será entregue ao candidato o seu respectivo laudo psicológico.

Segundo definição contida na Resolução 2/03 do Conselho Federal de Psicologia, os testes psicológicos são:

> procedimentos sistemáticos de observação e registro de amostras de comportamentos e respostas de indivíduos com o objetivo de descrever e/ou mensurar características e processos psicológicos, compreendidos tradicionalmente nas áreas emoção/afeto, cognição/inteligência, motivação, personalidade, psicomotricidade, atenção, memória, percepção, dentre outras, nas suas mais diversas formas de expressão, segundo padrões definidos pela construção dos instrumentos.

A avaliação psicológica busca verificar, entre outros:

a) **capacidade de concentração e atenção**;

b) **capacidade de memória**;

c) **tipos de raciocínio**;

d) **características de personalidade** como: controle emocional, relacionamento interpessoal, extroversão, altruísmo, assertividade, disciplina, ordem, dinamismo, persistência, entre outras.

Avalia também as características de personalidade restritivas ou impeditivas ao desempenho das atribuições inerentes ao cargo pleiteado como, por exemplo, agressividade inadequada, instabilidade emocional exacerbada, impulsividade inadequada e ansiedade exacerbada.

Para observarmos bem como esse tipo de teste vem disposto no documento de abertura do certame, veja a seguir o que estabeleceu edital de concurso para delegado de polícia:

> *PCMS, FAPEMS, 2017*
>
> 13.4. Os instrumentos utilizados para avaliar o perfil psicológico do candidato, a fim de verificar sua capacidade de adaptação e seu potencial de desempenho positivo, serão definidos segundo os critérios

objetivos e os parâmetros estabelecidos pela definição do perfil psicológico, podendo abranger as seguintes características:

a) controle emocional: habilidade do candidato para reconhecer as próprias emoções, diante de um estímulo qualquer, antes que elas interfiram em seu comportamento, controlando-as, a fim de que sejam manifestadas de maneira adequada no meio em que estiver inserido, devendo o candidato adaptar-se às exigências ambientais, mantendo intacta a capacidade de raciocínio e ser capaz de enfrentar situações adversas tendo controle dos sentimentos e das reações;

b) ansiedade: aceleração das funções orgânicas, causando agitação emocional que possa afetar a capacidade cognitiva do candidato, devido à antecipação de consequências futuras. A preocupação antecipada leva a um estado de preparação física e psicológica para defender a incolumidade pessoal contra uma possível adversidade, o que deixa o indivíduo em constante estado de alerta (fase 1 do ciclo de estresse);

c) impulsividade: falta de capacidade para governar as próprias emoções, caracterizando-se pela surpresa às reações e pela tendência em reagir de forma involuntária, inesperada, intensa e brusca diante de um estímulo interno ou externo sem a possibilidade de haver prévio raciocínio sobre o fator motivante do ato impulsionado;

d) domínio psicomotor: habilidade cinestésica por meio da qual o corpo movimenta-se com eficiência, atendendo com presteza às solicitações psíquicas e/ou emocionais;

e) autoconfiança: atitude de autodomínio do candidato, presença de espírito e confiança nos próprios recursos, estabelecendo contatos de forma resoluta e decidida. Capacidade de reconhecer suas características pessoais dominantes e acreditar em si mesmo;

f) resistência à frustração: habilidade do candidato em manter suas atividades em bom nível qualitativo e quantitativo, quando privado da satisfação de uma necessidade pessoal, em uma dada situação de trabalho ou particular;

g) potencial de desenvolvimento cognitivo: grau de inteligência geral (fator G), dentro de faixa mediana padronizada para a análise, aliado à receptividade para incorporar novos conhecimentos e reestruturar conceitos já estabelecidos, a fim de dirigir adequadamente seu comportamento;

h) memória auditiva e visual: capacidade para memorizar sons e imagens, tornando-os disponíveis à consciência, para a lembrança imediata, a partir de um estímulo atual;

i) controle e canalização produtiva da agressividade: capacidade do candidato de controlar a manifestação da energia agressiva a fim de que a mesma não surja de forma inadequada em seu comportamento, e para que, ao mesmo tempo, possa direcioná-la à realização de atividades que sejam benéficas para si e para a sociedade, mostrando-se uma pessoa combativa;

j) disposição para o trabalho: capacidade para lidar, de maneira produtiva, com tarefas sob sua responsabilidade, participando delas de maneira construtiva;

k) resistência à fadiga psicofísica: aptidão psíquica e somática do candidato para suportar uma longa exposição a agentes estressores, sem sofrer danos importantes em seu organismo e sem que tais agentes interfiram na sua capacidade cognitiva;

l) iniciativa: capacidade de influenciar o curso dos acontecimentos, colocando-se de forma atuante, não passiva, diante das necessidades de tarefas ou situações. Tal capacidade implica numa disposição para agir ou empreender uma ação, tomando a frente em uma determinada situação;

m) potencial de liderança: habilidade para agregar as forças latentes existentes em um grupo, canalizando-as no sentido de trabalharem de modo harmônico e coeso na solução de problemas comuns, visando atingir objetivos predefinidos. Facilidade para conduzir, coordenar e dirigir as ações das pessoas, para que atuem com excelência e motivação, estando o futuro líder disponível para ser treinado em sua potencialidade;

n) capacidade de cooperar e trabalhar em grupo: disposição do candidato para ceder às exigências do grupo, ao mesmo tempo em que se propõe a atender às solicitações de apoio, emprestando suas habilidades em prol da realização de ações para a conclusão das tarefas, visando atingir os objetivos definidos pelos seus componentes;

o) relacionamento interpessoal: capacidade de perceber e reagir adequadamente às necessidades, sentimentos e comportamentos dos outros;

p) flexibilidade de conduta: capacidade de diversificar seu comportamento, de modo adaptativo, atuando adequadamente, de acordo com as exigências de cada situação em que estiver inserido;

q) criatividade: habilidade do candidato para tirar conclusões e revitalizar soluções antigas a que chegou pela própria experiência anterior e vivência interna, apresentando então novas soluções para os problemas existentes, procurando assim buscar formas cada vez mais eficazes de realizar ações e atingir objetivos, valendo-se dos meios disponíveis no momento;

r) fluência verbal: facilidade para utilizar as construções linguísticas na expressão do pensamento, por meio de verbalização clara e eficiente, manifestando-se com desembaraço, sendo eficaz na comunicação;

s) sinais fóbicos e disrítmicos: o primeiro termo diz respeito à presença de sinais de medo irracional ou patológico. O termo seguinte refere-se à presença de traços de disritmia cerebral;

t) percepção de detalhes: capacidade que o indivíduo tem na preocupação com minúcias e detalhes;

u) atenção concentrada: capacidade de centralizar suas atenções durante toda a duração da tarefa;

Diversos testes podem ser aplicados ao candidato, sendo que geralmente o edital não especifica quais são eles. Os testes psicotécnicos abrangem:

a) testes de personalidade;

b) testes de raciocínio;

c) testes de habilidades específicas.

Comecemos pelos **testes de personalidade**, que podem ser (a) por objetivos (possuem itens sobre como o candidato se auto avalia, através de escalas), e (b) projetivos (são subjetivos e consistem na realização de desenhos, riscos ou análise de manchas).

Veja alguns exemplos de itens que constam em testes de personalidade objetivos:

Teste 1	Teste 2	Teste 3
• A maioria das pessoas é honesta. • Viveria em locais de pouca higiene.	• Costumo analisar minhas intenções e sentimentos. • Gosto que meus amigos me apoiem quando fracasso.	• Eu sou a animação da festa. • Eu ofendo as pessoas. • Eu sempre estou preparado.

Teste 1	Teste 2	Teste 3
• A sociedade fornece proteção demasiada aos criminosos. • Ser um grande sucesso na vida requer um esforço maior do que estou disposto a fazer. • Neste momento estou vivo.	• Não admito que meu ponto de vista seja atacado pelos outros. • Gosto de dar o melhor de mim em tudo que faço. • Minto se for conveniente para mim.	• Eu estresso-me facilmente. • Eu tenho um vocabulário rico.

Agora veja as alternativas disponíveis:

Teste 1	Teste 2	Teste 3
1. Nunca / certamente não 2. Muito raramente / muito provavelmente não 3. Raramente / provavelmente não 4. Ocasionalmente / possivelmente 5. Frequentemente / provavelmente sim 6. Muito frequentemente / muito provavelmente sim 7. Sempre / certamente sim	7. Totalmente característico 6. Muito característico 5. Característico 4. Indiferente 3. Pouco característico 2. Muito pouco característico 1. Nada característico	A. Nunca ou raramente B. Com pouca frequência C. Com regular frequência D. Muito frequentemente E. Sempre ou quase sempre

Os testes de personalidade podem também ser projetivos. São exemplos desse tipo de exame o palográfico, as pirâmides coloridas, os testes de Rorschach e Zulliger, os testes de desenhos (pessoa, família, árvore, casa).

O exame palográfico é um teste de grafismo que visa à avaliação da personalidade, baseado na realização de traços (palos) pelo avaliado. Apresenta dados de ritmo e qualidade de trabalho, fatigabilidade, inibição, elação, depressão, temperamento, constituição tipológica e inteligência.

O candidato deverá riscar tantos traços verticais quanto puder, o mais perfeito possível. A correção do palográfico é composta pelas análises quantitativa e qualitativa. Na análise quantitativa são considerados: produtividade, ritmo e gráfico do rendimento. Na análise qualitativa são considerados: distância dos palos, inclinação dos palos, tamanho dos palos, direção dos palos, distância entre linhas, margens, pressão e qualidade do traçado, irregularidades do traçado.

O teste das pirâmides coloridas, que também analisa a personalidade, contém um jogo de 3 cartões com esquemas de uma pirâmide subdividida em 15 quadrados e um jogo de quadrículos coloridos divididos em 24 tonalidades. A tarefa do sujeito é montar as pirâmides, uma a uma, com os quadrículos coloridos. É analisada a frequência das cores usadas, bem como a forma em que o sujeito distribuiu os quadrículos pela pirâmide.

Os testes de Rorschach e Zulliger são compostos de cartões com manchas de tinta. O candidato deve descrever com o que manchas pintadas sobre cartões se parecem, apesar de ter que fazer uma força criativa considerável para enxergar algo nelas. É como ter que achar alguma coisa em nuvens (algumas realmente se parecem com algo, mas a maioria não se parece com nada).

A resposta do candidato é avaliada sob 4 aspectos: (a) localização (posição da imagem na mancha); (b) determinantes (característica do desenho que levou a ver a imagem); (c) conteúdo (o que foi visto); (d) fenômenos espaciais.

Ainda no campo dos testes de personalidade, os exames de desenhos (pessoa, família, árvore, casa) indicam diferentes traços sobre a pessoa. Com base na posição do desenho em relação à folha, do tamanho em relação à folha e do traço, chega-se a conclusões sobre o candidato.

De outro lado, os **testes de raciocínio** visam aferir os diversos tipos de raciocínio, como o verbal, espacial e abstrato. São usados para mensurar as habilidades mentais, geralmente quanto ao domínio da linguagem verbal, do pensamento abstrato-dedutivo e do raciocínio espacial.

São exemplos o teste dos cubos, teste dos relógios, teste de inteligência geral não-verbal, e teste das matrizes progressivas. O candidato demonstrará seu raciocínio manipulando mentalmente cubos e relógios, realizando raciocínios diversos e identificando qual opção preenche o espaço em brando de uma figura.

Por fim, os **testes de habilidades específicas** visam avaliar os diversos tipos de atenção e de memória. São espécies os testes de atenção concentrada complexa, dividida e sustentada, difusa, discriminativa, alternada. Bem como o teste de memória de reconhecimento.

Embora os psicólogos aplicadores do exame comumente informem aos candidatos que não existe resposta correta, saiba que **existem sim aquelas consideradas mais adequadas**. O avaliado receberá notas pelas respostas, que serão comparadas com o perfil profissiográfico do cargo. Caso não se encaixe nos limites percentuais (mínimos ou máximos) considerados satisfatórios ou insatisfatórios (exemplo de perfil desejado: extroversão ≥ 30%), o candidato pode ser eliminado do concurso.

Capítulo 13

Investigação Social

A investigação social consiste em etapa de avaliação do procedimento irrepreensível e da idoneidade moral inatacável exigidos dos candidatos. Além de servir à apuração de infrações criminais, presta-se a avaliar a lisura daqueles que desejam ingressar nos quadros da Administração Pública.

Essa apuração da vida pregressa e atual engloba tanto as esferas social, funcional, civil e criminal do candidato. A etapa tem caráter unicamente **eliminatório** (podendo excluir candidatos inaptos), e não classificatório (não alterando a classificação no concurso).

A investigação tem início por ocasião da inscrição do candidato no concurso público e termina com o ato de nomeação. Em geral, os editais exigem o preenchimento de ficha de informações pessoais, de caráter confidencial.

Segundo a jurisprudência, é possível a exclusão de concurso policial daquele que, embora sem condenação definitiva, tenha respondido a diversas investigações e até a processo penal.

Nos termos de edital para concurso para carreiras policiais:

> *PF, CESPE, 2018*
>
> São fatos que afetam o procedimento irrepreensível e a idoneidade moral inatacável do candidato:
>
> I – habitualidade em descumprir obrigações legítimas;
>
> II – relacionamento ou exibição em público com pessoas de notórios e desabonadores antecedentes criminais;

III – vício de embriaguez;

IV uso de droga ilícita;

V – prostituição;

VI – prática de ato atentatório à moral e aos bons costumes;

VII – prática habitual de jogo proibido;

VIII – respondendo ou indiciado em inquérito policial, envolvido como autor em termo circunstanciado de ocorrência, ou respondendo a ação penal ou a procedimento administrativo-disciplinar;

IX – demissão de cargo público e destituição de cargo em comissão, no exercício da função pública, em qualquer órgão da administração direta e indireta, nas esferas federal, estadual, distrital e municipal, mesmo que com base em legislação especial;

X – demissão por justa causa nos termos da legislação trabalhista;

XI – existência de registros criminais;

XII – declaração falsa ou omissão de registro relevante sobre sua vida pregressa;

XIII – outras condutas que revelem a falta de idoneidade moral do candidato.

Vale salientar que acarreta a eliminação do certame não somente quem teve o passado avaliado negativamente, mas também quem (a) deixar de apresentar os documentos exigidos no prazo, (b) apresentar documentos falsos ou (c) formular declarações inverídicas.

Capítulo 14

Academia de Polícia

A Academia de Polícia é o momento em que o candidato se prepara para o exercício do cargo.

Em alguns casos, o curso de formação profissional é a última fase do concurso. Nessa hipótese, pode ter caráter unicamente **eliminatório** (podendo excluir candidatos inaptos, sem mudar a classificação), ou caráter tanto eliminatório quanto classificatório (somando-se a nota das fases teóricas do concurso com a nota da Academia de Polícia).

Em outros casos, aquele que foi inscrito no curso a ser realizado na Academia de Polícia já está devidamente nomeado como servidor público, e o concurso se encerrou. Não haverá mais eliminação do concurso, porém pode ocorrer aplicação de sanções disciplinares ou até a exoneração do cargo por acontecimentos extremos.

Em todas as situações, é importantíssimo que o candidato leve muito a sério esta etapa.

O curso tem duração de alguns meses (ou anos, no caso das academias militares), e pode conter período de internato, em que o aluno dorme na academia, estando autorizado a sair apenas no final de semana. No caso de internato, o edital indica o enxoval que o aluno precisa providenciar.

Alguns cursos de formação contam simultaneamente como bacharelado ou especialização.

No caso da Polícia Civil e Polícia Federal, embora haja diferentes cargos com cursos específicos, todos são realizados na mesma academia. No caso da Polícia Militar, o mais comum é a existência de academias diferentes (em locais distintos) para praças ou oficiais.

A satisfação de cursar uma Academia de Polícia é indescritível, pois nesse momento o aluno terá contato com diversos outros colegas, já iniciando um vínculo de amizade e companheirismo, além de ter contato com a estrutura interna da Polícia e com as ciências que, doravante, farão parte do seu cotidiano. Será uma experiência inesquecível, por isso recomendamos seja aproveitada ao máximo.

Iniciando a sua formação profissional o aluno já terá uma ideia muito mais concreta do que irá encarar na sua vida prática, pois estudará matérias bem específicas, que não são encontradas nas doutrinas comuns do nosso dia a dia.

Na academia o aluno estudará matérias teóricas e práticas, sendo que algumas teóricas servirão apenas como reforço do que já estudou antes da aprovação, como Criminologia, Direitos Humanos, Medicina Legal, partes específicas de Direito Penal, legislações Extravagantes, entre outras. Porém, o viés deste estudo será totalmente voltado para a prática da atividade policial.

Já na parte operacional, como o policial possui porte de arma de fogo, sendo este um de seus instrumentos de trabalho, o aluno aprenderá a manusear armas de diversos calibres, como revólver .38, pistola .40, submetralhadora 9mm, espingarda 12 e fuzil 5.56 e 7.62, incluindo a prática de tiros em stands. O aluno deve concluir esta etapa do curso com uma boa noção de manuseio de armas, pois ao final receberá uma pistola, que será seu objeto de trabalho e irá carregá-la na sua cintura o dia todo. Nessa fase do curso o aluno também aprenderá que "bala" é apenas um doce, e "pente" é o que se usa no cabelo. Fiquem atentos à linguagem técnica da profissão.

O aluno aprenderá também as principais técnicas para coordenar uma operação policial, entre elas a entrada em ambientes confinados (casas e quartos), progressão em equipe na invasão do ambiente, arrombamento de obstáculos, abordagem de pessoas e veículos, técnicas de algemamento, dentre outras.

A formação também inclui ensinamentos sobre defesa pessoal, que é importante para segurança do trabalho policial. Nem sempre será razoável se utilizar de uma arma de fogo para conter um criminoso, portanto, todo policial deve ter noções mínimas de defesa pessoal.

Conquanto cada academia tenha liberdade na definição de sua grade de disciplinas, a Secretaria Nacional de Segurança Pública editou uma matriz curricular nacional para a formação dos profissionais de segurança Pública.

Assim, podemos observar uma gama de novidades que serão apresentadas para o aluno que ingressará nesse mundo totalmente novo, o mundo policial. É nesse momento que muitos alunos começam a se apaixonar pela profissão.

Capítulo 15

Carreiras Policiais

15.1. CARREIRAS

O Brasil possui diferentes Polícias, que realizam funções tanto de **prevenção** de crimes (Polícias Ostensivas) quanto de **investigação** de delitos (Polícias Investigativas).

Veja as principais, com os respectivos cargos policiais:

<table>
<tr><td rowspan="3">Polícias Ostensivas</td><td>Polícia Militar</td><td>– praças (soldado a subtenente)
– oficiais (tenente a coronel)</td></tr>
<tr><td>Polícia Rodoviária Federal</td><td>policial rodoviário federal</td></tr>
<tr><td>Guarda Municipal</td><td>guarda municipal</td></tr>
<tr><td rowspan="2">Polícias Investigati-vas</td><td>Polícia Civil</td><td rowspan="2">– investigador de polícia (agente de polícia)
escrivão de polícia
– perito criminal
– papiloscopista
– médico legista
– delegado de polícia</td></tr>
<tr><td>Polícia Federal</td></tr>
</table>

15.2. ATRIBUIÇÕES

Seja o policial ostensivo ou investigativo, deve lidar diariamente com um dos bens mais preciosos das pessoas, que é a **liberdade**.

O policial fardado ou uniformizado deve realizar o policiamento ostensivo dos locais públicos e gerenciar a distribuição desse patrulhamento, evitando crimes e capturando aqueles que cometem delitos em flagrante, para apresentação à Autoridade policial.

O policial investigativo, a seu turno, tem que empregar técnicas investigativas (como entrevistas e campanas) e realizar laudos periciais, bem como documentar todos os atos, possibilitando assim a colheita de elementos informativos e probatórios.

15.3. RELACIONAMENTO DAS DIVERSAS CARREIRAS POLICIAIS

O relacionamento entre os diferentes policiais deve ser o mais **harmônico** possível, devendo cada agente da lei primar pela cordialidade e pelo respeito às atribuições de cada um. Cada polícia é o elo de uma corrente, a peça de uma engrenagem, e retirando-se uma delas, o todo não funciona. Por isso, todas são relevantes e merecem ser **valorizadas**.

O delegado de polícia é o cargo de **maior hierarquia** dentro da Polícia Investigativa, enquanto cada Polícia Ostensiva possui seu cargo de maior relevo (como o coronel na Polícia Militar, e o policial rodoviário federal de classe especial na Polícia Rodoviária Federal), devendo emitir ordens e determinações para os demais policiais subordinados.

O delegado é chamado de **autoridade policial**, e os demais (de quaisquer Instituições Policiais) de agentes da Autoridade. Isso porque, apesar de não existir hierarquia entre as diferentes polícias, o sistema de persecução criminal concedeu o poder de proferir a última palavra em sede policial à autoridade de Polícia Judiciária.

Portanto, quando algum policial resolve capturar alguém ou arrecadar algum objeto, essa deliberação efêmera somente será convertida em efetiva prisão ou apreensão mediante decisão do delegado, e esta deliberação **prevalece** na esfera policial, ainda que os demais policiais discordem.

Não se trata de estabelecer ordem de importância entre os relevantes agentes públicos, mas simplesmente de se definir um necessário sistema de coordenação e prevalência de atos, em que a posição de alguém deve preponderar, sob pena de se admitir verdadeira anarquia no serviço público. Exatamente por isso os requisitos para ingresso na carreira de delegado são maiores, e os concursos públicos mais **exigentes**.

Capítulo 16

Delegado de Polícia

16.1. ATRIBUIÇÕES

O delegado de polícia é o **chefe** da Polícia Investigativa, a chamada Polícia Judiciária (que abrange tanto a Polícia Civil quanto a Polícia Federal).

Também conhecido como autoridade policial, o delegado tem a função de **comandar** a investigação de crimes, desvendando delitos e com isso permitindo a responsabilização dos infratores.

A apuração das infrações penais é documentada, via de regra, em um inquérito policial, podendo ser utilizados também outros procedimentos como termo circunstanciado de ocorrência (para infrações penais de menor potencial ofensivo) e boletim de ocorrência circunstanciada (para atos infracionais).

Ao presidir o inquérito policial, o que o delegado faz é coordenar os trabalhos, determinando quais diligências devem ser feitas, contra quem, onde e quando, para assim esclarecer os fatos de maneira imparcial.

Ao final, realizando uma análise técnico-jurídica, que emprega conhecimentos policiais e também do Direito, chega a uma conclusão sobre a existência ou não de materialidade do crime e sua autoria, podendo decidir pelo indiciamento.

16.2. DELEGADO DE POLÍCIA CIVIL E O DELEGADO DE POLÍCIA FEDERAL

Embora integrem a mesma carreira, e realizem a mesma função de comandar a Polícia Judiciária presidindo investigações criminais, existem **diferenças** entre os trabalhos do delegado de Polícia Civil e do delegado de Polícia Federal.

Uma primeira diferença consiste na **vinculação a entes federativos** diversos. A Polícia Federal é mantida pela União, enquanto as Polícias Civis são organizadas pelos Estados e Distrito Federal. Logo, o delegado da PC é servidor público estadual, enquanto o delegado da PF é servidor público federal.

Além disso, a grande distinção está no **tipo de delito** a ser investigado por cada um dos delegados. Enquanto o delegado Federal apura basicamente os crimes políticos, crimes federais, crimes com repercussão interestadual ou internacional, bem como crimes de tráfico de drogas, contrabando e descaminho, o delegado Civil investiga todos os demais delitos (exceto os militares).

Numericamente, portanto, o delegado da PC apura uma quantidade de infrações penais muito maior, enquanto o Delegado da PF concentra esforços numa gama mais restrita de delitos.

Além disso, a PF também cumula **funções de polícia administrativa**, realizando policiamento marítimo, aeroportuário e de fronteiras, tarefas que se somam à missão de polícia investigativa.

Apesar dessas diferenças, vale grifar que são **comuns os requisitos** para os cargos e o nível de exigência dos concursos (exceto quanto aos 3 anos de prática jurídica ou policial, ainda não exigida em todos os estados).

16.3. PODERES E RESPONSABILIDADES

O delegado tem o **poder** de em certas situações prender indivíduos, **apreender** bens e **acessar** dados sigilosos. Ou seja, a depender da deliberação do delegado de polícia, um cidadão pode ter sua liberdade, patrimônio e intimidade restringidos.

Tem também a possibilidade de conceder liberdade provisória com fiança, realizar indiciamento, buscas em indivíduos, requisitar de perícias e documentos, nomear peritos e escrivães, expedir mandados de intimação e de condução coercitiva, determinar ação controlada, fazer acordo de colaboração premiada, ordenar destruição de plantações ilícitas e a incineração de drogas, dentre outros poderes.

O que muitos esquecem ou nem sabem é que, além da parte investigativa propriamente dita, o delegado também atua de outras formas.

Realiza a **gestão de pessoas**, comandando policiais subordinados que compõem a equipe, conciliando interesses divergentes e exercendo liderança e hierarquia para manter a motivação e a disciplina do efetivo policial.

Como se não bastasse, faz a **administração dos recursos públicos** colocados à sua disposição, prezando pelo bom funcionamento da delegacia de polícia.

16.4. NATUREZA DA CARREIRA E SEU ATRATIVO

A carreira do delegado tem algo que nenhuma outra carreira jurídica possui. Além de ser **jurídica**, por pressupor o uso diário de conhecimentos do Direito para a tomada de decisões, é qualificada por também ser **policial**, demandando preparo operacional de táticas policiais.

Enquanto o saber jurídico se adquire na faculdade e no curso preparatório, o preparo policial é ensinado na Academia de Polícia.

Em termos simples, além de usar a caneta para tomar decisões, a autoridade policial precisa saber empregar a arma de fogo se o uso da força for necessário.

Isto é, se num momento a autoridade policial está em seu gabinete fazendo deliberações sobre os direitos dos cidadãos, em trabalho eminentemente intelectual marcado pela serenidade, no instante seguinte pode estar comandando uma operação policial em que a destreza e coragem farão a diferença.

Esse **dinamismo** atrai aqueles que não querem a monotonia de ficar enfurnados entre quatro paredes por todo o expediente realizando as mesmas tarefas. A ausência de rotina torna o trabalho do delegado algo muito atrativo.

16.5. POSSIBILIDADE DE CONCESSÃO DE LIBERDADE

O delegado de polícia não tem a obrigação de prender em todo e qualquer caso. Se entender que o fato não constitui crime, que não existiu situação de flagrante, ou mesmo que não há provas suficientes de que o suspeito é o autor do delito, a autoridade policial, em vez de decretar a **prisão**, não só pode como deve conceder a **liberdade**.

O trabalho de esclarecimento dos fatos deve ser feito pelo delegado de maneira **imparcial**. Diferentemente do membro do Ministério Público, o delegado não tem compromisso com a acusação. O que a autoridade policial precisa é **buscar a verdade**, ainda que revele que o crime não ocorreu ou que o suspeito não foi o responsável pelo crime.

Por isso que se diz que o delegado é o **primeiro garantidor dos direitos do cidadão**.

16.6. PERFIL PROFISSIOGRÁFICO

Para ocupar a nobre função de delegado de Polícia, o candidato deve se encaixar em um determinado perfil, chamado de perfil profissiográfico, bastante exigente.

O que se justifica pelo fato de ser um tomador de decisões, em regra no calor dos acontecimentos, recaindo sobre a Autoridade policial grande responsabilidade.

Logo, natural que não se aceite qualquer pessoa para exercer funções com tamanha relevância.

Confira algumas dessas características estabelecidas para o cargo de delegado de Polícia Federal em 2001 por psicólogos e consultores:

Habilidades exigidas	– estabelecer relacionamentos interpessoais satisfatórios – analisar documentos e situações (observar e interpretar fatos, atos e situações para tomada de decisões) – tomar decisões eficientes e eficazes – comandar / liderar – redigir – manusear computadores – dirigir – manusear armas de fogo – pesquisar
Características necessárias	– saúde física, capacidade auditiva e visual – bom senso (aplicar a razão para julgar cada caso em particular) – ética (capacidade de manter atitudes coerentes com as normas sociais) – controle emocional (manter-se calmo, raciocinando com clareza nos momentos difíceis) – discernimento (julgar os fatos com clareza e objetividade)

Características necessárias	– energia vital (agir com firmeza, determinação, de forma convincente) – empatia (colocar-se no lugar do outro) – honestidade (comportar-se de acordo com a moral, mesmo diante de estímulos capazes de estimular respostas contrárias) – imparcialidade (julgar os fatos sem tomar partido) – iniciativa (agir diante de situações inesperadas) – integridade (manter coerência entre seus princípios e atos) – flexibilidade (discriminar adequadamente situações diferentes)

16.7. REMUNERAÇÃO

Em tese a remuneração deveria ser a mesma em todas as Polícias Civis e a Polícia Federal, pois os requisitos e responsabilidades são idênticos.

Contudo, há **diferenças remuneratórias**, pois cada Estado pode definir por lei o subsídio dos delegados da sua respectiva Polícia Civil, assim como a União fixa a remuneração do delegado da Polícia Federal.

16.8. DESAFIO PRINCIPAL

O grande desafio que o delegado enfrenta do primeiro ao último dia de sua carreira é ter que tomar decisões sobre a prisão ou a liberdade das pessoas em um curtíssimo espaço de tempo, de apenas horas ou minutos, ainda no **calor dos fatos**.

Enquanto outros operadores do Direito podem pesquisar por horas no conforto de seus gabinetes climatizados, a autoridade policial muitas vezes tem que deliberar em minutos.

Capítulo 17

Palavras Finais

Ao longo do livro falamos sobre a escolha do cargo público, listamos os direitos do candidato, explicamos os elementos essenciais dos estudos (tais como rotina, disciplina e motivação), orientamos sobre como fazer um planejamento minucioso (abrangendo conteúdo, quantidade e revisão) e ensinamos os métodos de estudo.

Indicamos em minúcias o funcionamento do concurso público, desde o edital, passando pelas provas objetivas, subjetiva, oral e de títulos, chegando às fases derradeiras de exames físico, médico e psicológico, investigação social e academia de polícia. Em relação a cada fase, mostramos como deve ser a preparação, os critérios de avaliação e as estratégias para ser aprovado.

Se você não vinha adotando a maneira correta de lidar com o estudo, saiba que nunca é tarde demais para ser quem você deveria ter sido. O importante é tomar a decisão de melhorar e pagar o preço. Afinal, **sonhos são gratuitos, mas transformá-los em realidade tem um custo**. Definida a sua prioridade, faça o que tiver que ser feito para alcançá-la. Não permita que ninguém fique no seu caminho, nem você mesmo.

A enorme concorrência nessa disputa não tolera aventureiros. Não adianta priorizar o resultado e se esquecer de cuidar do método para chegar até ele. Quem souber lidar com o estudo de forma profissional, certamente terá uma **recompensa inesquecível**: tornar-se servidor público. Além de realizar um objetivo pessoal, terá a oportunidade de ajudar a sociedade e honrar todas as expectativas que seus familiares e amigos depositam em você.

No caso das carreiras policiais, podemos dizer com ainda mais propriedade que é **inigualável a emoção** de colocar um brasão no peito e defender vítimas, prender criminosos e evitar acusações injustas contra inocentes. Cada segundo de privação dessa extenuante jornada vale a pena, pode acreditar. Vamos juntos!

ANOTAÇÕES

ANOTAÇÕES

ANOTAÇÕES

EDITORA
JusPODIVM
www.editorajuspodivm.com.br

Pré-impressão, impressão e acabamento
GRÁFICA
SANTUÁRIO

grafica@editorasantuario.com.br
www.graficasantuario.com.br
Aparecida-SP